总顾问 | 杨 松 宋慧中

国际金融安全研究

武航宇 陈 捷 / 著

邓媚媚 杨 涛 王雨婷 房东煜 审校

中国民主法制出版社

图书在版编目（CIP）数据

国际金融安全研究/武航宇，陈捷著 . —北京：
中国民主法制出版社，2025.4. —ISBN 978-7-5162
-3915-5

Ⅰ . F831. 2

中国国家版本馆 CIP 数据核字第 2025VB0717 号

图书出品人：刘海涛
责 任 编 辑：许泽荣

书名/国际金融安全研究
作者/武航宇　陈　捷　**著**
　　　邓媚媚　杨　涛
　　　王雨婷　房东煜　**审校**

出版 · 发行/中国民主法制出版社
地址/北京市丰台区右安门外玉林里 7 号 （100069）
电话/（010）63055259 （总编室）　 63058068　63057714 （营销中心）
传真/（010）63055259
http：// www. npcpub. com
E-mail：mzfz@ npcpub. com
经销/新华书店
开本/16 开　710 毫米 ×1000 毫米
印张/9.75　字数/143 千字
版本/2025 年 5 月第 1 版　2025 年 5 月第 1 次印刷
印刷/三河市宏图印务有限公司

书号/ISBN 978-7-5162-3915-5
定价/42.00 元
出版声明/版权所有，侵权必究。

红旗的
记忆

红旗不曾忘记

陈健 挥

不忘初心 继续前行

不远跑也

丙申 陈捷

宇宙永恒

初心不朽

人行也協

陳健

"长臂管辖"的"命门"

一、相关概念

"长臂管辖"这个词，在多个场合反复出现，其实这不是一个正式的学术词汇，也不是一个法律词，其最相近的法律词汇是"普遍管辖权"。从目前的百余起案例，可以暂时将"长臂管辖"定义为：美国及其盟国对于其主权范围之外，对别国、个人、机构采取的管辖行为。这种管辖可以分为司法管辖、执法管辖、情报管辖。司法管辖权之内又可以分为民事诉讼管辖、行政诉讼管辖、刑事诉讼管辖。

涉及的领域多数是国际金融制裁。适用的法律包括：一是《联合国反腐败公约》、《联合国打击跨国有组织犯罪公约》、《国际禁毒公约》、打击海盗的国际公约和国际条约；二是联合国安理会的制裁决议；三是美国的国内法，包括联邦法律，如《模范刑法典》、《爱国者法案》和55个自制法领域；四是美国及其盟国，如五眼联盟、北约、APG、EAG、Egmont等组织的区级法律；五是美国与时俱进的判例法。金融制裁包括五个部分，即反洗钱、反腐败、反逃税、反扩散融资、反恐怖主义融资。

二、管辖重点

看上去"长臂管辖"仿佛无所不包，从发动局部战争制裁到处罚个人，涉及国际政治、经济、安全的各个方面，但从我们分析的上百个案例中可以看出来，主要以金融制裁为主。因为金融是经济的生命线，是国家和机构的输血管，一旦斩断了金融渠道，也就相当于控制了被处罚对象的命脉，这在没有世界大战的前提下是最有效的制裁措施，比贸易禁运要有效得多。

尤其是在美元霸权体系和SWIFT支付体系的控制之下，情报获取、发现线索、调查取证、实施逮捕、扣押资产、剥夺支付、罚没资金、拘禁嫌犯、审判被告、监禁罪犯、取缔机构、抹黑他国这一系列操作，已经成为美国非武力控制全世界的主要手段。

三、程序核心

美国自诩为法制国家，所有案例都是有法可依的。很多金融或者法律从业者统计了相关适用法律，包括国际法、区际法、国内法、判例法，以及各种规章和规范性文件，数以千计，比较常用的是联合国安理会的制裁决议、联合国出台的国际公约，还有美国的国家安全类法律。这些法律在很大程度上是重合的，有些法律重合率达到60%以上，猛的一看浩如烟海、没有头绪。仿佛应对美国的制裁需要成为国际法和国内法、英美法和大陆法、程序法和实体法的全面专家才行。

其实，我们从普遍适用的执法司法诉讼程序来看，抓住一点就可以破解其他迷局，这就是金融情报制度。我们可以采用逆向推理的方式来证明。

"长臂管辖"最终会回归到美国的法院体系，由法院作出判决、裁定，而且有可能在其他国家得到判决的执行。比如，对中兴公司的裁定在中国得到了承认与执行。至于司法审判之前的行政执法、调查取证、情报获取都不是定案环节。我们必须强调一点，在跨国的诉讼之中，尤其是在美国带有霸权主义色彩的"长臂管辖"之中，想要最终取得百分之百可以定案的证据是不可能的，跨国取证需要"国际司法互助条约"，在发生过的上百起案例中，没有一个是百分之百证据定案的，最终采取的方法都是辩诉交易，即当事人以承认部分犯罪行为的条件下换取对其他诉讼部分的不予追究。

按照此逻辑，既然百分之百定案是不可能的，哪一个环节是最重要的呢？审判之前的环节是调查取证，调查取证之前的环节是情报获取，也就是说，美国只要获得了情报，调查取证达到一定程度，不需要百分之百的定案证据，就可以提请法院开始诉前准备程序，包括法院开具"令状"，批准执法机关采取逮捕、查封、扣押、上黑名单、断绝 SWIFT 支付等措施。

制裁的整个过程不可能是完美的，在其中加入辩诉交易制度也就达到了美国的目的，其实是残缺程序达到了美国想要的完美效果。其中执法过程意义不是很大，只是一个执行的中间过程，一头一尾做实就可以，头就是情报，尾就是审判，而且审判就是交易。因此，情报就是核心中的核心。

四、金融情报

从"长臂管辖"的起因来说，美国采用的是有罪推定，也就是说，美国先要锁定受制裁的主体，然后对它展开一系列攻势。比如，美国制裁伊朗、朝鲜、叙利亚以及欧洲等国家的很多金融机构，其实从一开始目标就已经锁定了，但如何进行打击，从什么角度进行打击效果最好，这就是一项全新的技术工作。

只要获得了针对性的情报，情报属实，就可以启动调查取证程序，调查程序启动不需要百分之百的定案证据，完成只要有足以启动诉讼程序的一般证据即可，然后法院旷日持久的诉讼也为辩诉交易埋下了伏笔。从相关案例来看，没有哪个人拥有无限的时间来承受法院的长期羁押和审判折磨，由这个逻辑线条我们看出，得情报者得天下。

情报也分为很多种。有专门的国家安全机关取得的情报，也有普通执法机关取得的情报。但是最具针对性的就是金融情报中心取得的金融情报，因为这种信息直接关联涉事资金，涉事资金再关联账户和支付方式比较容易，这也就查到了涉案嫌疑人。而且金融情报制度在创立之初就考虑到了情报敏感性，一般不采用国家安全机关和警察执法机构直接获取，而是采用金融情报中心来获取，美国的相关机构叫 FinCEN，表面来看在财政部内，事实上可以调动 FBI、CIA、DHS、DEA 等 20 多个机构的人员和情报，并且具有直接执法权，包括武力措施。

这在美国处理国内政治情况的时候，可以作为保护公民个人隐私与国家安全之间的平衡器和缓冲器；在处理国际争端时，可以利用国际埃格蒙特集团金融情报安全网络淡化政治色彩、隐藏主权意图，比较高效便捷地获得情报。下一步，以情报引导侦查获取证据，证据指向涉案嫌疑人，一旦对嫌疑人采取人身强制措施，主动权就完全落入了美方的司法执法体系之中，辩诉交易也仅仅是时间问题。时间与各方面的压力，以及变相的刑讯逼供成反比，美国就采用软硬兼施、宽严相济、恩威并用的方式来处理案件，以达到最符合自己利益的结果。

从总结的案例看，金融情报具有天然的脱敏性质，比普通 CIA、DHS、DEA 取得的情报适用面更广，获得渠道更通畅，更容易得到国际社会的公认，成为美国"长臂管辖"的首选，也就是它的"命门"。从汇丰银行香港总部对某国际公司的操作，可见一斑。

这个命门可以是生门，也可以是死门。美国掌握了相关的金融情报，就开起了"长臂管辖"的生门，如果说有对抗的金融情报部门来与之博弈，也就相当于点中了美国的死穴，让它无法动弹。

任何情报不能当作法庭证据来使用，这无论是国际法还是各国的国内法都是有明确规定的。但是美国采用的方法是只要获取了情报，我就可以获得最终的审判权力。

五、应对策略

面对美国"长臂管辖"带来的挑战，各国需从多方面协同应对。在法律层面，应加强对国际法的研究与运用，深入剖析美国"长臂管辖"所依据法律的不合理性，利用国际法律框架进行抗辩，推动国际法律秩序朝着更加公平公正的方向发展；同时，完善我国法律体系，借助我国已出台的《反外国制裁法》等法律工具，构建针对"长臂管辖"的反制法律机制，明确我国在跨国法律事务中的管辖权和权益保护条款，明确禁止执行外国具有域外效力的法律，赋予受制裁主体起诉索赔的权利。

在金融领域，一方面要降低对美元霸权体系和SWIFT支付体系的依赖，积极推动国际货币多元化和支付体系的多样化发展，减少因美国金融制裁带来的冲击，另一方面，强化金融情报工作，努力与更多法域的金融情报机构如国际埃格蒙特集团签署合作协议，加强国际金融情报的交流与合作，提高对金融风险和"长臂管辖"风险的预警和防范能力。

此外，国际社会应加强团结与协作，通过多边合作机制，如联合国、世界贸易组织等，共同抵制美国的霸权行径，形成强大的国际舆论压力，促使美国遵守国际规则，摒弃其不合理的"长臂管辖"措施，维护国际政治经济秩序的稳定与公正。

我国的反制需兼顾"防御"与"进攻"，对内完善法律盾牌、夯实经济根基；对外联合受制约国家、重塑规则体系。核心目标是推动国际秩序向更加公平的多极化方向演进。在此过程中，平衡开放与安全、原则性与灵活性将是关键。

目录
CONTENTS

第一章　国际金融制裁的表现及对策

一、国际金融制裁愈演愈烈

美国在全球范围内实行逆全球化的单边主义，金融制裁是重要表现。2018年末，中央经济工作会议和中央政治局第十五次集体学习，习近平总书记特别强调，要高度关注并针对"美国动不动就使用金融制裁"制定对策措施。对此，我们根据公开信息，整理了若干典型案例（见表1-1），并作了初步分析。

从表1-1可见，已公开案例有很多。从依据看，主要源自联合国安理会、FATF有关"三反"（反洗钱、反恐怖主义融资、反扩散融资）的要求。此外，根据《联合国反腐败公约》，腐败是洗钱的重要上游犯罪，该公约涉及洗钱犯罪的篇幅占一半以上，在目前案例中，也有不少因涉及腐败而受制裁，在我国洗钱上游犯罪中，腐败也排在前列。

金融制裁多由美国主导，呈愈演愈烈之势。仅根据近年来部分案例统计，被处罚金额已达数百亿美元，对全球贸易、金融、税制体系的冲击不容忽视，已成为遏制竞争对手的重要手段。

相比加征关税等贸易争端，金融制裁是一种更恶劣的破坏市场经济秩序的行为，波及范围、金额虽不如贸易制裁广泛和巨大，却有声誉毁坏并被禁入市场，危害很大。随着金融制裁愈演愈烈，影响日益深远，甚至引发新的犯罪。

比如，由于一些大型跨国银行在中东、北非、东欧等"三反"敏感地区的服务大幅减少，上述地区不得不通过影子银行、地下钱庄等渠道转移收入和资产，形成恶性循环。

二、国际金融制裁特点

多由美国主导，盎格鲁-撒克逊国家参与。从中国银行、中国农业银行纽约分行案件、巴黎银行案件、德国商业银行案件等案件可以看出，多数金融制裁由美国主导，英国、加拿大、澳大利亚、新西兰积极参与，与美国并称"五眼联盟"。法国、德国等欧洲大陆国家则不配合，尤其是法国更是针锋相对。

处罚频繁、金额巨大，且有明显政治经济动机。近年来，美国通过金融制裁，对金融机构和企业实施处罚的频率和金额明显增多。制裁对象主要有三类：一是针对伊朗、朝鲜和叙利亚等与美政治对立国家，通过联合国公约特别是安理会决议及其"长臂管辖"法律实施。例如，法国巴黎银行因向伊朗、苏丹、古巴等受美制裁国家提供了超过 300 亿美元的交易服务而被罚 90 亿美元。二是针对中国、法国、德国等竞争对手。例如，法国阿尔斯通公司因涉嫌腐败，被美国依据其《反海外腐败法》和《联合国反腐败公约》制裁，被迫停业、变卖，对法国相关产业造成重大打击，美国高通、通用公司乘机收购或抢占其市场。我国华为、中兴、三一重工等事件，对其国际市场份额甚至供应链潜在风险的影响也不容忽视。三是保护性处罚。汇丰、花旗、渣打等银行也因洗钱数额巨大而受罚，一方面其利益远大于损失，另一方面也在形式上体现了所谓的公平。

蓄谋已久，已成体系。从制裁案例看，涉及范围不断扩展。从最初反洗钱，再到反恐融资，现又增加反扩散融资，罪名不断增多，打击对象不断扩大。反洗钱打击的是毒品犯罪和跨国有组织犯罪；反恐融资打击的是美国认为的恐怖主义国家、地区、组织和个人；反扩散融资于 2009 年后提出，目的是打击伊朗、叙利亚、朝鲜以及相关国家机构和个人。制裁理由、处罚形式不断翻新，行动更迅速、坚决，表明其情报信息、程序、法律十分连贯，对国际规则、决议的利用和操纵相当熟练，明显蓄谋已久。

既处罚机构，也处罚个人，甚至列出国家黑名单。除处罚金融机构及主要负责人外，美国及盟国还利用《联合国反腐败公约》和 FATF 相关规则处罚个人。比如，鉴于"政治公众人物"（PEPs）影响巨大，应适用加强的反洗钱和反腐败制度，如津巴布韦总统案等。重大国际冲突涉嫌人物亦在此列。比如，俄罗斯和乌克兰冲突之时，大量俄罗斯官员和巨商以及乌克兰的亲俄派代表人物，都被列入黑名单。伊朗、叙利亚、朝鲜、阿富汗等政商界人物更是长期榜上有名。

FATF 建立初期，还将俄罗斯、白俄罗斯等 13 个国家作为反洗钱不合作国家。直到后来上述国家下大力气完成反洗钱合规评估后才被除名。

三、对策建议

总体来看，美国等凭借美元霸权滥用金融制裁工具，是威胁金融安全的一个重要动向。各国对此须高度警惕，积极应对。

（一）深入学习习近平总书记讲话精神，牢固树立金融安全观

习近平总书记多次强调，金融安全关系国家安全和战略全局。人民银行三定方案，要求人民银行牵头国家金融安全工作协调机制，维护国家金融安全；承担全国反洗钱和反恐怖融资工作的组织协调和监督管理责任，履行监测涉嫌洗钱及恐怖活动的资金监测的职责。

高度重视并积极应对以美国为首的所谓金融制裁，是维护我国金融安全的重要措施。过去几年，我国企业和金融机构在走出去过程中，金融安全意识不强，利用离岸金融市场安全合规排查不够，金融安全管控工作尚未抓狠抓实，需要深入学习习近平总书记讲话精神，牢固树立金融安全观，从制度上加强驻外机构、涉外业务的金融安全教育和风险排查，扎牢制度防火墙。尤其是要按照联合国安理会和 FATF 等国际组织要求，严格遵守高风险国家和地区合规标准。特别是联合国安理会通过了对伊朗、朝鲜、叙利亚等国的制裁决议。FATF 等国际组织也曾对俄罗斯、乌克兰、白俄罗斯、缅甸等国发出警告。涉及这类高风险国家的金融服务，更应严格按照联合国决议进行客户尽职调查，最大限度降低合规风险。

（二）以国际法和国际公约对抗美国的"长臂管辖"

普遍管辖的基础，是联合国安理会决议等国际公约，不是一国国内法，美国所谓的《反海外腐败法》《美国爱国者法案》不能与此相违背，应坚持在联合国安理会决议等多边框架下解决问题。前述联合国反腐败、反洗钱、反扩散以及打击跨国有组织犯罪等公约，对美国制裁理由均能构成针对性制约，且常任理事国中，法国受到美国强烈制裁，中国和俄罗斯也受其打压，英国基本保持中立，整体态势对我国有利。与此同时，在联合国决议等国际公约框架下，对美国机构违反国际和中国国内法的行为也可研究主动发起响应性制裁。

（三） 加强国际执法合作

加强金融情报领域国际合作。金融制裁的依据是通过反洗钱、反腐败、反恐怖融资，而金融情报则是线索源头和基础。美国动不动就发起金融制裁，主要是因为其拥有强大的情报获取能力。比如，国际上最大的反洗钱情报组织埃格蒙特集团，其网络总服务器就设在美国的反洗钱机构，秘书处设在加拿大反洗钱机构，委员会设在比利时。我国尚未加入该集团，未来是否加入，如何与之开展合作，需要权衡利弊，深入研究。

此外，加强与香港特区反洗钱机构的合作。

香港特区作为国际金融中心，是诸多跨国金融机构的集中地，很多跨境金融在服务过程中涉及香港特区，并且其金融情报机构——联合财富情报组（JFIU）具有强大的网络监测和分析能力，可覆盖所有特定的金融和非金融领域。按照香港特区与内地签署的反洗钱协议，其情报机构获得的类似情报须向内地反洗钱机构报告。根据《中华人民共和国宪法》《中华人民共和国香港特别行政区基本法》《中华人民共和国国家安全法》等法律，可研究内地和香港特区成立反洗钱联合工作组的可行性，以加强情报交流和共同执法。借鉴中央追逃办天网行动、猎狐行动，开展反洗钱、反金融制裁领域的国际执法合作。中央追逃办天网行动符合相关国际公约以及普遍管辖权等规定，也得到各国认可。应对金融制裁可学习其相关做法，充分使用联合国安理会决议、6个重要国际公约和示范法、埃格蒙特集团情报机构规则以及与各国缔结的执法和司法合作协议，理顺衔接好流程和法律关系，形成跨部门的联动机制，制衡国际金融制裁，保护金融安全。[1]

---

[1] "三反措施"国际上主要指反洗钱、反恐怖主义融资和反核扩散融资，我国指的是反洗钱、反恐怖融资、反逃税。

表 1-1 国际金融制裁案例汇总

（所有处罚的依据，其最终效力来源都是联合国安理会会议决议的相关金融制裁条款）

制裁方	被制裁方	制裁内容	制裁理由	依据的法律
美国财政部货币监理署（OCC）和中国人民银行	中国银行纽约分行	中银纽约分行将向货币监理署缴付罚款1000万美元，并向中国人民银行缴付1000万美元等同的人民币，罚款总额2000万美元	该署与中国人民银行对中国银行纽约分行原管理层在1991—1999年间的违规经营分别进行了深入调查，最后决定进行金融制裁	纽约州反洗钱法、银行保密法、联邦民事诉讼规则等
美国纽约州金融服务局（DFS）	中国农业银行纽约分行	罚款2.15亿美元	因违反反洗钱法以及隐瞒涉及俄罗斯及中国的金融交易	违反纽约州反洗钱法等
西班牙国民卫队	中国工商银行马德里分行	对马德里分行进行了反洗钱搜查，将5名管理人员带走，拷贝了银行电脑数据，暂时封锁银行	涉嫌为当地有组织犯罪集团洗钱	《联合国打击跨国有组织犯罪公约》、欧盟反洗钱公约令、FATF《四十条建议》等
美国财政部	中国昆仑银行	切断昆仑银行与美国金融系统的联系，并阻止它涉足美国金融体系	中国昆仑银行因与受制裁的伊朗银行有业务往来而被列入制裁名单	美国《2010年对伊朗全面制裁、问责和撤资案》等
美国财政部	丹东银行	切断了丹东银行与美国金融系统的联系	指控丹东银行为朝核洗钱	《美国爱国者案》等
美国商务部工业与安全局（BIS）	中兴	缴纳10亿美元罚款，并额外缴纳4亿美元罚款放入监管账户之一是，中兴还必须接受合规团队进驻中兴，并要求中兴在30天内更换董事会和高管团队	美国政府对中兴提出的三项指控不仅包括串谋非法出口，还包括阻挠司法以及向联邦调查人员作出虚假陈述要求所有美国银行停止对中兴提供金融服务	《美国出口管制法》，联合国安理会对伊朗的制裁决议以及美国对应落实安理会决议的一系列法律等

续表

制裁方	被制裁方	制裁内容	制裁理由	依据的法律
美国及其盟友	华为	针对华为进行制裁调查，扣押孟晚舟，美国及其盟友禁售华为	调查华为是否违反美国对伊朗的贸易制裁。要求停止对华提供金融服务	涉嫌违反洗钱法，以及与中兴案件类似的制裁决议，诉讼正在进行中，未有最后裁定
美国财政部	澳门汇业银行	根据《美国爱国者法案》三一一条，将其列为"高度关注洗钱银行"，对其相关账户采取财政冻结措施	该行涉嫌帮助朝鲜洗钱	《联合国对朝制裁决议案》《美国爱国者法案》《国际紧急经济权力法》《国家紧急状态法》等
意大利检察院	中国银行米兰分行	支付60万欧元的罚金，4名中行员工因洗钱罪获刑2年，缓期执行	控告中国银行米兰分行，以及297人涉及45亿欧元（约合332亿元人民币）的洗黑钱案件	意大利金融机构的反洗钱类法律规范等
美国联邦监管机构	中国建设银行纽约分行	要求建行纽约分行改善反洗钱机制	中国建设银行纽约分行的反洗钱机制存在一些问题	违反反洗钱法等
南非央行	中国建设银行约翰内斯堡分行	受到7500万兰特（约合4000万元人民币）的行政处罚	由于反洗钱和反恐怖融资控制措施中存在薄弱环节	未能遵守南非《金融情报中心法案（2001年第38号法）》等
美国联邦储备委员会和货币监理署	汇丰银行	缴纳19.2亿美元罚金	由于对洗钱活动的监督不力，一些集团得以通过汇丰银行进行洗钱活动	违反反洗钱法等
美国纽约州金融局	渣打银行	被罚3.4亿美元，还要进行相应的业务调整	涉嫌从事与伊朗相关洗黑钱活动长达10年，违反黑钱条例	违反反洗钱法等
美国财政部货币监理署（OCC）	阿拉伯银行	命令阿拉伯银行关闭银行业务，不过可以继续进行其他金融交易活动	未能监控并及时上报可疑资金流动，违反了打击恐怖主义和洗钱活动的相关法律	违反反洗钱法等

续表

制裁方	被制裁方	制裁内容	制裁理由	依据的法律
美国联邦和各州监管机构	德国商业银行	被罚 17 亿美元	违反美国制裁法案，以及未能发现并非汇报可能的洗钱活动	违反美国特定制裁案和反洗钱法等
美国纽约州金融服务局和英国金融行为监管局	德意志银行	被罚 6.3 亿美元	纽约金融服务局和英国金融行为监管局分别对德银罚款 4.25 亿美元和 2.04 亿美元	《美国爱国者法案》和 OFAC 制裁名单等
美国司法部、联邦储备委员会、财政部、纽约市相关部门	法国兴业银行	违反对伊朗、古巴及其他国家的制裁	对法国兴业银行处以 13 亿美元罚金	联合国安理会对伊朗制裁决议伊朗制裁规则、古巴资产管理规则苏丹制裁规则
荷兰检察机构	荷兰国际集团	ING 对部分账户资金流向可能非法的情况本应知情，但因反洗钱措施执行不力，账户涉及非法活动长达数年	罚款 7.75 亿欧元	荷兰《反洗钱和打击恐怖主义融资法》
美国司法部	巴黎银行	违反美国法律，为苏丹和其他被美国列入黑名单的国家转移了数十亿美元资金	支付 89.7 亿美元罚款	违反反洗钱法
美国财政部货币监理署（OCC）	花旗银行	该行未能解决反洗钱政策的缺陷	对花旗银行处以 7000 万元罚款	《货币和外国交易报告法》等
美国联邦存款保险公司和加州商业监督局	花旗集团子公司墨西哥国民银行和墨西哥国民银行美国分行	将关闭墨西哥国民银行美国分行的业务，并就所发现墨西哥国民银行美国分行在反洗钱监管合规方面的不足，向美国联邦存款保险公司和加州商业管理部门支付 1.4 亿美元罚金	反洗钱作为上有缺失	违反反洗钱法等

续表

制裁方	被制裁方	制裁内容	制裁理由	依据的法律
美国司法部和财政部货币监理署	摩根大通	向美国司法部支付17亿美元，向美国货币监理署支付3.5亿美元，向麦道夫破产托管基金支付3.25亿美元，以及向提起集体诉讼的投资者支付2.18亿美元	没有及时就麦道夫骗局向投资者发出警告承担责任	《反海外腐败法》等
美国司法部	瑞士信贷	支付超过25亿美元的罚款	帮助美国客户逃税	《海外账户纳税法案》等

第二章　坚持理论自信：中国先秦哲学是西方经济理论的思想源泉

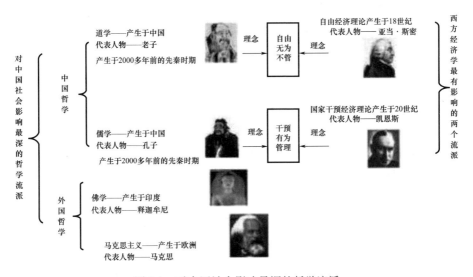

图 2-1　对中国社会影响最深的哲学流派

无论是中国哲学还是海外哲学都有很多流派，但对中国社会影响最深远的哲学流派主要是：儒学、道学、佛学以及近代传入中国的马克思主义。而佛学来源于印度，马克思主义来源于欧洲，儒学、道学才是中国自己的哲学。

中国的儒学和道学产生于 2000 多年前的先秦时期，但是 2000 多年来，这两大哲学思想一直影响中国社会的方方面面，甚至影响全世界。

从经济学理论体系来看，西方经济学是目前世界上完备的经济学理论体系。虽然西方经济学有很多流派，但最有影响的经济理论有两个：产生于 18 世纪的亚当·斯密自由经济理论和产生于 20 世纪的凯恩斯国家干预经济理论。

通过对起源于 2000 多年前的中国先秦哲学思想（儒学、道学）和产生于 18 世纪以后的西方经济学理论（亚当·斯密自由经济理论和凯恩斯国家干预经济理论）进行比较，我们发现：中国先秦哲学是西方经济理论的思想源泉。亚当·斯密自由经济理论与中国道学理论都主张"无为""不管"，而凯恩斯国家干预经济理论与中国儒学则都主张"有为"及"管理"；亚当·斯密的代表作《国富论》受中国道学思想影响较大，而凯恩斯的代表作《就业、利息和货币通论》则受中国儒学影响较大。可以说，中国道学是亚当·斯密自由经济理论的思想源泉，中国儒学是凯恩斯国家干预经济理论的思想源泉。

一、中国道学是亚当·斯密自由经济理论的思想源泉

（一）亚当·斯密的自由经济理论

亚当·斯密（1723—1790）于 1723 年出生在苏格兰法夫郡的寇克卡迪，是现代经济学奠基人，在他去世的 200 多年间一直被誉为经济学界的"至圣先师"，无人不顶礼膜拜。亚当·斯密的代表作《国民财富的性质和原因的研究》（简称《国富论》）出版于 1776 年，该著作的出版标志着"自由经济理论"的正式创立。

亚当·斯密自由经济理论的核心思想是"自由放任"，主张完全自由地从事经济活动，自由地经营工商业，自由竞争，自由地发展国内市场经济的象征，它开辟了资本主义世界经济自由主义新时代。

开展国际贸易，扫除经济上的一切障碍，实行自由放任的经济制度。政府的职责仅仅在于维护国家安全和安宁，投资于某些纯属共同利益的事业，其他的都不必干。亚当·斯密认为有"一只看不见的手"在自发地调节经济的活动，"一只看不见的手"的原理是：自利—理性—利己而不损人—社会利益的实现—自由放任，即：从主观上讲，每个人都有利己心，而这种心态是驱使人们追求最大利益的动力，虽然每个人并不都想要增加社会财富，但是，在他追求个人利益最大化的同时也增加了社会财富，这种"无心插柳"的效果甚至比想要促进社会利益的效果还要好。这就是"一只看不见的手"的实质内容。

这种自由经济理论不仅被其追随者推崇，而且很快被社会普遍接受，自由竞争市场经济的概念日益深入人心，自由竞争的市场经济体制无论在理论上还是在实践中，都获得了长足发展，到 18 世纪的后 25 年，自由竞争的各种制度日臻完善，迎来了自由竞争的黄金时代。亚当·斯密的旗帜就是市场

经济的象征，它开辟了资本主义世界经济自由主义新时代。

（二）中国道学与西方自由经济理论思想是一脉相承的

道学的代表人物是老子（约公元前 571 年至前 471 年），是我国古代伟大的哲学家和思想家、道家学派创始人，其代表作是《道德经》。

道学的核心思想是"无为而治"，我们认真拜读《道德经》就会发现，道学的"无为而治"思想与亚当·斯密的自由经济理论思想是一脉相承的，老子早在 2600 多年前就提出了自由经济思想，比西方亚当·斯密提出自由经济理论早了 2200 多年。

老子认为最好的治国之道，就是人们都感觉不到其存在的无为而治。《老子》第 17 章曰："太上，下知有之；其次，亲而誉之；其次，畏之；其下，侮之。信不足焉，犹兮其贵言。功成事遂，百姓皆谓我自然。"大意是，最好的统治者，人民并不知道他的存在；其次的统治者，人民亲近他并且称赞他；再次的统治者，人民畏惧他；更次的统治者，人民轻蔑他。统治者的诚信不足，人民才不相信他，最好的统治者是多么悠闲。他很少发号施令，事情办成功了，老百姓说"我们本来就是这样的"。

老子告诫国王，应无为治国。《老子》第 37 章曰："道常无为，而无不为。侯王若能守之，万物将自化。"大意说：大道是无为而又无不为的。侯王如果能按照道的原则，无为而治，万民百姓就会自化自富而得以充分发展。

《老子》第 57 章曰："故圣人云：我无为而民自化，我好静而民自正，我无事而民自富，我无欲而民自朴。"意思是说，圣人统治者只要做到无为而治，则百姓就能自化、自正、自富、自朴；我好静，人民就自然富足；我无欲，人民就自然淳朴。

老子的无为而治，并不是不作为，而是要顺其自然，不乱作为。《老子》第 60 章曰："治大国，若烹小鲜，以道莅天下，其鬼不神。非其鬼不神，其神不伤人。非其神不伤人，圣人亦不伤人。夫两不相伤，故德交归焉。"大意说，以无为之道治国，顺其自然，就不会有鬼神类的副作用，即使有副作用，危害也很小。

可见，道学的精髓就是"无为"或"不干预"。因此，从思想理念来说，中国道学与西方自由经济理论思想是一脉相承的。

二、中国道学与西方自由经济理论的渊源探究

1. 西方"自由放任（laissez – faire）"一词来源于中国

这个观点可以从《不列颠百科全书》对"laissez – faire（自由放任）"的定义而知。

《不列颠百科全书》对"laissez – faire"的定义是："主张政府尽量不干涉个人和社会经济事务的一种政策。此词的起源不明，在1756—1778年间盛行于法国。"

我们知道《不列颠百科全书》的编纂是非常严谨的，没有百分之百的把握，百科全书是不会轻易下结论的。《不列颠百科全书》虽然没有明确说出"自由放任（laissez – faire）"来源中国，但它至少给我们提供了一条关键线索，那就是在欧洲启蒙运动的中心法国，在启蒙运动这个特定的历史阶段，法国流行过这个词。另外，《不列颠百科全书》也没有否认后来英语世界流行的"laissez – faire"一词是法语，但是，《不列颠百科全书》却不能回答它为何在这段时间里开始盛行，它的起源是什么。为什么"自由放任（laissez – faire）"突然在1756—1778年间开始在法国盛行呢？我们可以了解一下当时的欧洲形势，其实在17—18世纪间，中国与欧洲的交往甚为频繁，这时欧洲的传教士经常来往于欧洲（包括法国）和中国，这些传教士除传播宗教之外，还有一些人专门研究和传播中国的文化和哲学思想，当然，这时中国也有一些人前往欧洲进行交流。我们知道这些，就会明白"自由放任（laissez – faire）"一词突然在1756—1778年间开始在法国盛行的原因——是受中国道学"无为"思想的影响。

2. 西方自由经济理论思想来源于中国的道学

经济学界一般把亚当·斯密看作自由经济理论的创始人，但是，在亚当·斯密背后是法国的重农经济学派魁奈和杜尔哥，亚当·斯密自由经济理论的产生深受魁奈和杜尔哥重农经济学派的影响，而魁奈和杜尔哥经济理论的产生又深受中国道学的影响。

（1）受中国道学影响，魁奈首次把"无为"译成"自由放任（laissez – faire）"，并创立了依赖自然法则的重农经济学

从16世纪起，大量中国古代文化典籍通过传教士进入欧洲，到17世纪，对中国文化的推崇和对中国商品的消费成为时尚，形成遍及欧洲的"中国

热"。"中国热"对 18 世纪欧洲的文艺复兴运动产生了重大影响。魁奈就是在这个时期汲取了老子的"无为"思想，并第一个把"无为"译成"自由放任（laissez – faire）"，创立了依赖自然法则的重农经济学。魁奈的全名是弗朗斯瓦·魁奈（Francois Quesnay，1694—1774），18 世纪法国政治经济学家，重农学派的创始人和领袖。1694 年 6 月 4 日，魁奈出生于巴黎的蒙福尔·拉穆里的梅里村，他的父亲尼古拉·魁奈是一名律师。在兄妹 13 人中魁奈排行第十，因此幼年魁奈未能受到很好的教育，甚至到 11 岁时，仍然目不识丁。魁奈 13 岁时丧父，因想行医，16 岁时到一外科医生处做学徒。不久到巴黎著名雕版术家罗歇福的门下工作 5 年，同时在附近的大学研究医学，并学习化学、植物学、数学、哲学等。5 年后回乡，在蒙脱做外科医生，时年 24 岁。作为医生，他的声誉日渐提高，很多知名人士都去就诊。1730 年，魁奈发表了论文《放血效果的观察》，深受医学界的重视，并因此和当时著名外科医学者佩洛尼等相识，被聘为巴黎外科医学会的常任秘书，因而移居巴黎。1749 年，魁奈 55 岁时，被任命为法王路易十五的宠姬篷帕杜侯爵夫人的侍医，住进凡尔赛宫。1752 年，因治愈皇太子的痘疮有功，魁奈又被任命为路易十五的侍医。由于魁奈的医学成绩和治好国王和皇太子疾病的功劳，他由国王赐封为贵族。

魁奈从移住凡尔赛宫后，有更多的机会同哲学家和思想家交谈，借以熟悉法国的政治经济情况，这一时期也是欧洲和中国文化交流频繁的时期。这段时间，法王路易十四派遣到中国的 5 位传教士都拥有"御前数学士"兼科学院院士头衔，这些传教士到中国的主要目的不是传教，而是研究中国文化。魁奈与这些传教士同为国王身边的人，关系密切，使其能从同为"御前数学士"传教士那收集大量中国资料，从传教士那里汲取了中国文化，特别是老子的"无为"和"自然法则"思想。

1754 年（魁奈 60 岁）后，魁奈才开始研究政治经济学，受中国文化影响，魁奈还通过篷帕杜夫人敦促路易十五于 1756 年模仿中国古代皇帝，举行了显示重视农业的仪式"籍田大礼"。1758 年，魁奈第一次把中国道学中的"无为"译为"自由放任"，并受无为等思想的影响，创立了依赖自然法则的重农经济学。

"无为而治"是中国道家的理论核心，法国重农经济学创始人魁奈将老子的"无为"译为自由放任（laissez – faire），意思就是政府放手让商人自由进行贸易，以反对政府对贸易的干涉。"laissez – faire"一词先在法国宫廷、上流社会和欧洲流行一时，后直接被英语采纳，并日益呈现燎原之势。到 19 世纪早期和中期，"laissez – faire"一词成为自由市场经济学的同义词。因此，自由放任后来成了西方自由经济的代名词。

1769 年，魁奈出版了《中华帝国的专制制度》，该书让他赢得了"欧洲的孔子"的称号。该书第八章标题即为"中国的法律同作为繁荣政府的基础的自然法则相比较"。魁奈在论文集《重农主义，或最有利于人类的管理的自然体系》中，首次提出"重农主义"概念，为了显示其神圣和权威，他居然将出版地点标明为"北京"。魁奈后期作品还有《自然权利》，其核心内容是强调天赋人权、人身自由、经济自由等，反对政府干涉控制，这其实就是道家自然法则的社会翻版。并且，在当时宣扬重农学派思想观念的刊物《农业、商业、财政杂志》和《公民日志》的文章中，作者大量引用的不是欧洲的文献，而是中国的典籍。

（2）法国重农学派人物杜尔哥的经济自由思想也深受中国文化影响

杜尔哥是重农学派的另一个重要代表人物，按马克思的评价，杜尔哥的理论体系使"重农主义体系发展到最高峰"。

杜尔哥的经济学著作《关于财富的形成和分配的考察》在经济史上有很高地位，熊彼特认为它已经提出了一套完整的经济理论体系。该著作也与中国有某种关联，1763 年，两位在法国学习神学的青年学成后准备回国，杜尔哥希望他们回国后能够把了解到的中国的社会经济情况，写信向他提供相关信息——当时的中国是世界上最强盛的国家，而且其政治经济制度被欧洲思想家认为是世界的典范，杜尔哥向两个中国留学生提出了 52 个问题，这就是杜尔哥的《中国问题集》，其内容主要涉及财富生产和分配。杜尔哥让这两位中国留学生回国后回答他提出的问题，以帮助法国思想家全面掌握中国的经济情况。为了帮助不具备经济学知识的他们理解这些问题，杜尔哥对有关经济学原理作了解释，这些解释就构成了《关于财富的形成和分配的考察》的内容。杜尔哥提出的问题都与他所掌握的中国经济知识有不同程度的联系，他受中国情况的启发，直接从中国古代文化中汲取营养才撰写了该书。所以，杜尔哥的《关于财富的形成和分配的考察》一书受中国影响最深，而此书又影响了后来的亚当·斯密。

杜尔哥的经济学观点认为，在市场活动中可能存在一些损害效率和公正的情况，但这并不意味着有理由干预市场，市场有自我矫正的能力。对于市场中的欺骗和伤害，期待政府采取措施加以防范，就如同要求政府为所有可能摔倒的儿童提供床垫一样。那些被欺骗的消费者可以从中学习经验，不再与行为不端的商人打交道，商人则将陷入信任危机而受到惩罚。由此可以看出杜尔哥的这一思想同中国道学的"无为"思想是一致的，这一思想也被认为是后来哈耶克自发扩展的市场观念的重要来源。

3. 亚当·斯密的自由经济理论直接受重农学派的影响

（1）亚当·斯密首先是一位哲学家

亚当·斯密这位经济学鼻祖和他伟大的作品《国富论》像一颗最亮的星星，在历史的天空中闪闪发光。因此，大家都知道亚当·斯密是一位伟大的经济学家。令人感到称赞的是，亚当·斯密不仅是一位经济学家，还是一位哲学家。亚当·斯密的第一份工作就是在格拉斯哥大学担任逻辑学教师和道德学教授，他的第一本哲学著作就是在 1759 年出版的《道德情操论》，并且该书获得了学术界的极高评价。

1723 年，亚当·斯密出生于苏格兰，他的父亲是律师、军法官和海关监督，却在亚当·斯密出生前几个月去世。在此后的生活中，亚当·斯密一直和母亲相依为命，终身未娶。18 岁前，亚当·斯密在苏格兰上学，之后的 6 年赴牛津大学求学，在牛津大学不仅获得良好的教育，而且阅读了大量书籍。27 岁后，亚当·斯密在原来的格拉斯哥大学担任逻辑学教师和道德学教授。1759 年，亚当·斯密出版的《道德情操论》获得学术界的极高评价。在《道德情操论》中，亚当·斯密从人类的情感和同情心出发，讨论了善恶、美丑、正义、责任等一系列概念，进而揭示出人类社会赖以维系、和谐发展的秘密。《道德情操论》对于促进人类福利这一更大的社会目的起到了重要作用，是市场经济良性运行不可或缺的"圣经"，堪称西方世界的《论语》。

在《道德情操论》中，亚当·斯密用同情的基本原理来阐释正义、仁慈、克己等一切道德情操产生的根源，说明道德评价的性质、原则以及各种美德的特征，并对各种道德哲学学说进行了介绍和评价，进而揭示出人类社会赖以维系、和谐发展的基础，以及人的行为应遵循的一般道德准则。应该说，亚当·斯密的哲学著作《道德情操论》是经济学著作《国富论》的基础，因为只有读了《道德情操论》才知道"利他"是问心无愧的"利己"，只有读了《国富论》才知道应该怎样"利己"。

（2）亚当·斯密的自由经济理论直接受重农学派魁奈和杜尔哥的影响

亚当·斯密的《国富论》是于 1776 年出版的。而亚当·斯密撰写这部巨著直接受到法国重农学派的影响，因为，亚当·斯密是在完成对法国的考察之后写成《国富论》的。

1764 年 2 月—1766 年 10 月，亚当·斯密进行了为期 3 年的欧洲大陆之行。1764 年 7 月 5 日，亚当·斯密在图卢兹给休谟（苏格兰哲学家）的信中写道："为了消磨时光，我已开始写一本书（就是《国富论》）。"

1765 年 10—12 月，亚当·斯密访问日内瓦，并多次会见法国著名启蒙思想家伏尔泰，伏尔泰是法国启蒙运动领军者，中国文化的狂热鼓吹者，他的名言是"我们不能像中国一样，真是大不幸"。

1765 年 12 月—1766 年 10 月，亚当·斯密在巴黎逗留的 10 个月收获极大，会见了许多著名的思想家和政治家，如重农主义者魁奈、杜尔哥、奈穆尔、米拉波等。在巴黎期间，他还曾将自己正在创作的《国富论》一书的某些观点，征求过魁奈、杜尔哥等重农主义者的意见。回国后，亚当·斯密开始《国富论》的创作，1773 年春他携带初稿前往伦敦，准备交给出版商出版。但是，他在那里看到了许多新的资料，包括 1774 年以后杜尔哥特地寄给他的被称为"稀世珍本"的《关于课税的备忘录》。为此，他又用了 3 年时间对初稿进行修改和补充。到 1776 年 3 月 9 日，《国富论》这部经济学巨著终于问世。

亚当·斯密与魁奈和杜尔哥的多次讨论，以及杜尔哥为其提供的重要材料，对他的研究思路和框架大有帮助，可以说，法国重农学派对亚当·斯密自由经济思想产生了一定影响，而法国重农学派又是受中国道学思想影响而产生的。

另外，亚当·斯密还从两位中国学者那里了解到了司马迁（道学流派）的经济思想，司马迁在《史记》的"货殖列传第六十九"第三段已明确提出了"供求关系"的经济思想，并用"低流之水"进行比喻，亚当·斯密受到启发，将其称为"看不见的手"。

因此，我们可以说，亚当·斯密的自由经济理论是直接或间接受到中国道学思想的影响而产生的。事实上，亚当·斯密的《国富论》确实引用了大量中国文献。

4. 新自由主义经济理论代表哈耶克将老子视为其思想教父

哈耶克（1899—1992）是新自由主义的代表人物，奥地利社会经济学家，自发秩序理论创始人，1974 年诺贝尔经济学奖得主。

哈耶克是 20 世纪最重要的自由主义理论家，被尊为当代自由经济的鼻祖。20 世纪中叶，凯恩斯等国家干涉主义抬头，哈耶克自发秩序理论，再次阐明了自由经济的神圣地位。哈耶克因此也成了 20 世纪自由经济的象征，是自由市场的旗帜，享有"斯密第二"的美誉。除《自发秩序原理》外，哈耶克还著有《致命的自负》《通往奴役之路》，表达了他对干涉主义的极度担忧。1960 年，哈耶克在其《自由秩序原理》中，借用自然科学中的"Spontaneous"一词，提出了"自发的秩序"概念，并把社会秩序分为两类：自生自发秩序和"人造秩序"。1988 年，哈耶克出版了生命中最后一本著作《致命的自负》，提出了"人类合作的扩展秩序"（也称"扩张秩序"），将其自发秩序理论推到了巅峰。

让哈耶克名垂青史的是他的"自发秩序理论"，而这一理论被人们看作是亚当·斯密自由经济理论的重要发展和补充。而哈耶克本人却认为中国道学经典著作《道德经》中的"无为思想"是对"自发秩序理论"最权威的描述。

1966 年 9 月，哈耶克在东京作《自由主义社会秩序诸原则》的演讲，谈到自发秩序理论时，他激动地反问道："难道这一切不正是《老子》第 57 章的一句'我无为而民自化，我好静而民自正'的体现吗？"从这里可以看出老子的"无为思想"对哈耶克的影响多么深远。

三、中国儒学是凯恩斯国家干预经济理论的思想源泉

1. 凯恩斯的国家干预经济理论

凯恩斯（1883—1946）1883 年 6 月 5 日生于英格兰剑桥，是现代西方最有影响的经济学家之一，他创立的宏观经济学与弗洛伊德所创的精神分析法以及爱因斯坦发现的相对论一起并称为"二十世纪人类知识界的三大革命"。凯恩斯是 20 世纪上半叶才华横溢的理论创新者，是当时最杰出的政治经济学家，也是布雷顿森林体系的缔造者之一。

20 世纪 30 年代，西方出现了规模空前的经济危机，传统的经济理论无法提出有效的帮助各国政府摆脱困境的对策。1936 年，凯恩斯出版的《就业、利息和货币通论》中提出国家干预的经济政策，使得国家干预经济的理论系统化。凯恩斯提出了国家干预经济的主张，他主张通过刺激需求来实现充分就业，在社会有效需求不足的条件下，为刺激社会消费需求的增加，他主张政府采用征富济贫的收入分配政策，从而提高社会的边际消费倾向，扩大社会消费需求，有利于刺激生产，实现充分就业。凯恩斯学说的出现，标志着

西方经济理论的一次革命，即由崇尚自由放任转向政府干预，把政府视为市场制度合理的调节者和干预者已成为主流经济学家的信条。这个过程一直延续到 20 世纪 70 年代，对当代西方国家国有经济的产生和发展起到重大的推动作用。

凯恩斯之后，他的追随者进一步发展了国家干预理论，他们认为资本主义经济不会永远处于危机之中，而是经常出现繁荣和萧条交替现象，因此，在经济政策上就不应该片面实施扩张政策，而应依据社会经济的具体发展状况，实行紧缩与扩张政策。他们利用 IS－LM 分析，肯定了货币政策和财政政策的重要地位。另一代表人物詹姆斯·托宾还指出："宏观经济政策，即货币政策和财政政策要同时实现所规定的社会失业和通货膨胀目标是不可能的"，他认为为了抑制通货膨胀和结构性失业，除实施积极的需求管理政策之外，还要辅以工资指导性政策、收入政策以及劳动政策等。

2. 中国儒学与凯恩斯国家干预经济理论的思想理念是一致的

儒学创始人是孔子（公元前 551 年—前 479）。儒家代表人物是春秋时期的孔子、孟轲、荀况等。

儒学的代表作是"四书五经"。儒学随着历史阶段和服务方式的不同，其形式和理论主张也不尽相同。先秦的原始儒学，两汉的经学，魏晋六朝以玄学形式出现的儒学，宋明的理学，明清时兼有实学特点的儒学，以及近代以来融合西学之长的新儒学，都在具体形态和思想内容上发生了或多或少的变化。但是，无论其怎么变化，都以"仁义、礼智、道德"为依归，把"修身、齐家、治国、平天下"作为其人生哲学的宗旨，主张积极入世，报效国家。

在经济思想上，儒学主张由国家对社会经济活动进行干预和控制。例如，从儒家早期的代表人物孔子、孟轲、荀况等人来看，孔子希望依靠国家力量实现资源配置的平均状态，认为国家干预的理想状态是顺应人民需求，用少的资源消耗给人民带来大的实惠，体现仁义、公平和效率的"大同"世界的资源配置，即"使老有所终，壮有所用，幼有所长，矜、寡、孤、独、废疾者皆有所养，男有分，女有归"。孟子生动地提出资源的稀缺性与选择问题，"鱼，我所欲也。熊掌，亦我所欲也。二者不可兼得，舍鱼而取熊掌者也"。汉代董仲舒主张"限民名田，以澹不足，塞兼并之路。盐铁皆归于民。去奴婢，除专杀之威。薄赋敛，省徭役，以宽民力，然后可善治也"。荀子认为政府应在资源配置中发挥主要作用，搞好基本设施建设以保护生产，引导人民生产劳动，通过"轻田野之税，平关市之征"等，实现先裕民再富国。再如，始于汉宣帝首设"常平"仓，以避免在年成好时谷贱伤农，又使贫民在灾年时有所依靠，这实际上是国家干预思想大范围推行。此后，常平仓的设立成为唐、宋、元、明、清历代王朝的通例。设置常平、平准机构，开展国家对贫民的借贷、免除灾区赋税、通过兴办国家工程开展赈灾救灾等，就构成了中国汉代后历代王朝国家干预的基本内容。

四、中国儒学与凯恩斯国家干预经济理论的渊源探究

丹麦著名物理学家尼尔斯·玻尔（诺贝尔物理学奖获得者）曾经讲过："真理有两种，小真理和大真理。一个小真理的对立面是一个谬误，但是，一个大真理的对立面则是另一个真理。"

经济学理论也是这样。亚当·斯密的自由经济理论备受推崇，自由经济理论影响整个世界，因此世人尊称亚当·斯密为"现代经济学之父"和"自由企业的守护神"；而亚当·斯密自由经济理论的对立面"凯恩斯国家干预经济理论"也备受青睐，自20世纪30年代西方经济危机以来，主张政府干预、反对自由放任的凯恩斯国家干预经济理论学说迅速风靡西方经济学界，时至今日还一直被各国政府采用。凯恩斯的国家干预经济理论也与弗洛伊德所创的精神分析法以及爱因斯坦发现的相对论一起并称为"二十世纪人类知识界的三大革命"。

亚当·斯密自由经济理论提倡放任自流的经济政策，而凯恩斯却反对这些，他提倡国家直接干预经济。他论证了国家直接干预经济的必要性，提出了比较具体的目标；他的这种以财政政策和货币政策为核心的思想后来成为整个宏观经济学的核心，甚至可以说后来的宏观经济学都是建立在凯恩斯国家干预经济理论基础之上的。凯恩斯是一个伟大的经济学家，他敢于打破旧的思想束缚，承认有非自愿失业的存在，首次提出国家干预经济的主张，对整个宏观经济学做出了重大贡献。

本章第一部分指出"中国道学是亚当·斯密自由经济理论的思想源泉"，接下来的部分我们将论证"中国儒学是凯恩斯国家干预经济理论的思想源泉"。

1. 凯恩斯是自由经济学派转为干预学派的

凯恩斯出生于萨伊法则被奉为神灵的时代，他认同借助市场供求力量自动地实现充分就业的状态就能维持资本主义的观点，因此他一直致力于研究

货币理论。因此，凯恩斯原本属于自由经济理论学派，直至20年代末仍信奉传统的自由贸易理论，认为保护主义对于国内的经济繁荣与就业增长一无可取。甚至1929年同瑞典经济学家俄林就德国赔款问题论战时，他还坚持国际收支差额会通过国内外物价水平的变动，自动恢复平衡。

1929年，经济危机爆发后，凯恩斯感觉传统的经济理论不符合现实，必须加以突破。1936年，其代表作《就业、利息和货币通论》（*The General Theory of Employment, Interestand Money*，简称《通论》）出版时，凯恩斯一反过去的立场，转而强调贸易差额对国民收入的影响，相信保护政策如能带来贸易顺差，必将有利于提高投资水平和扩大就业，最终带来经济繁荣。

2. 受中国儒学思想的影响凯恩斯由自由经济理论学派转为国家干预经济理论学派

凯恩斯本是一名自由经济理论学派人物，是亚当·斯密自由经济理论的追随者，然而，受中国儒学思想的影响，他的经济思想逐步发生变化，最后从自由经济理论学派转为国家干预经济理论学派。

这还要从经济学著作《孔门理财学》说起，《孔门理财学》是中国学者在西方刊行的第一部中国经济思想名著，也是迄今影响最大的一部。

《孔门理财学》是由陈焕章（1881—1933）的博士毕业论文修改而出版的。陈焕章，字重远，广东高要人。18岁到广州长兴里康有为的"万木草堂"读书，与梁启超为同学。

23岁中举人，24岁考中"恩科联捷进士"，保和殿复试朝考"钦点内阁中书"，入进士馆。后申请出国留学。光绪三十一年（1905）奉派为留美学员，先入库克学院学习英语，光绪三十三年（1907）考入美国哥伦比亚大学经济系学习政治经济学，宣统三年（1911）获哥伦比亚大学哲学博士学位，其博士毕业论文是《孔门理财学》。

陈焕章的博士论文《孔门理财学》确实有与众不同之处，答辩通过以后，哥伦比亚大学就破例同意用学校的经费为他出版，而且将这本书收入"历史、经济和公共法律研究"丛书，于是暴得大名。

该书是中国人在西方最早出版的经济学名著，集中总结阐发了儒家的经济思想，是中国人第一次以西方语言向世界全面展示中国古代儒学思想的重要著作。《孔门理财学》按照西方经济学原理，分别讨论了孔子及其儒家学派的一般经济学说以及在消费、生产、公共财产方面的思想。陈焕章是按照西方经济学的模式来安排《孔门理财学》的结构和体例的。《孔门理财学》在当时的西方经济学界引起较大轰动，受到不少重量级经济学家关注。

《孔门理财学》出版的第二年，权威的《美国经济评论》上出现了一篇由威斯康星大学学者罗斯（E. Ross）撰写的书评。文章认为陈焕章打通了中西经济传统，为西方的政治经济学接上了孔子以降的中国理学和社会学资源，相互补充，使得《孔门理财学》在浩如烟海的西方政治经济学文献中占据重要位置。

《孔门理财学》也受到凯恩斯的高度关注。为此，凯恩斯还专门为该书撰写书评，凯恩斯为《孔门理财学》写的书评于 1921 年发表在颇有影响的《经济学杂志》（*The Economic Journal*）上。

20 世纪初，《经济学杂志》是国际上影响最大的经济学学报。凯恩斯当时在剑桥经济学圈中崭露头角，刚刚当上《经济学杂志》主编。

他对此书甚为推崇，认为该书"基本内容一部分属于中国经济史；一部分是世代相传的诗篇和格言，其所涉话题只与最广义理解的'经济'有关。其章节标题虽为'生产要素''分配''公共财政'等，但装入这一牵强框架的是大量讨人喜欢的教诲性内容"。他认为孔子以后的中国人的经济史研究方法同西方现代经济学家有异曲同工之妙。

20 余年之后，凯恩斯写出了自己的《论货币》。凯恩斯的眼光非凡，比如他从《周官》里看到了最早的货币交易制度。他还指出中国学者很早就懂得"格雷欣法则"（劣币驱逐良币）和"货币数量说"。

他引用了明初大儒叶子奇在 1378 年就提出的"价格下降，应当发行纸币；价格上升，应把纸币收回"。为什么凯恩斯推崇这部书？大概是凯恩斯是把经济学同道德伦理相结合的最后一位经济理论大师。

1936 年，凯恩斯代表作《就业、利息和货币通论》的出版，标志着凯恩斯经济思想彻底从自由理论转变为国家干预理论。

凯恩斯能为《孔门理财学》写书评，并把该书评发表在世界著名经济学刊物《经济学杂志》上，可见，凯恩斯对孔子（儒家）思想有深刻的了解和认识，这不能不对其经济思想产生影响。因此，我们认为凯恩斯由自由经济理论学派转为国家干预经济理论学派，中国儒家思想对他的影响尤为深远。

3. 凯恩斯国家干预经济理论产生的历史背景

当然，凯恩斯经济思想的转变也有当时特定的历史背景。20 世纪 30 年代爆发的世界经济大危机是凯恩斯国家干预经济理论产生的历史原因。

作家纳森（R. Nathan）在一部小说的序言中对这场危机是这样描述的，

"我所记叙的，是发生在 1929—1933 年大危机期间的一个真实故事。当时，美国遍地都是失业者。没有工作、没有金钱，又无家可归的人充斥着整个社会。失业的人有的流落街头靠卖水果糊口，有的全家都无处安身，只好搬到公园里的违章小屋，靠捡破烂维生"。这就是当年经济危机带来的结局。

如何摆脱这种危机？按照亚当·斯密的自由经济理论，人们应该深信：危机与萧条不过是由经济活动中的暂时性摩擦带来的混乱现象，只要置之不理，就会自动恢复常态。连危机期间的胡佛总统仍然信奉"自由经济理论"，胡佛认为要听天由命，并宣称上帝会使美国很快复兴。

然而，放任不但没有使严重的萧条得到克服，相反却日益加深。在危机底谷的 1933 年，德国的失业人数为 800 万人，而美国则达到 1400 万人。这一年全世界的失业人数共计 5000 万人。因此，不管亚当·斯密的经济理论说得如何天花乱坠，现实的经济政策却不得不弃之前行。当时，整个西方资本主义国家都受到经济危机的打击，然而，此时实行计划经济的苏联安然无恙，处在世界大危机的暴风圈之外。

对于这种资本主义现实，以往的经济学无法承担这一使命。固然，曾有马克思经济学预言到这种资本主义的残破局面，但它却无助于现实经济问题的解决。况且，美、英等国视马克思为敌人，他们攻击马克思主义和社会主义制度，不允许任何转向马克思、转向科学社会主义的思潮存在和蔓延，因此，他们不可能照搬当时苏联的模式。

怎么办？如何拯救资本主义？在这种情况下，资本主义急需一种崭新的经济理论拯救世界。1936 年，凯恩斯《就业、利息和货币通论》一书应时而生。凯恩斯经济学适应当时资本主义现实的需要，使英、美的大多数经济学家云集其下。凯恩斯国家干预经济理论的意义在于阐明了一个社会的宏观经济中总供给（总产量）的水平是由什么决定的，提出了经济活动不能放任自流，国家和政府必须对经济活动有所作为。

在《就业、利息和货币通论》一书中，凯恩斯提出国家利用财政政策和货币政策来调控经济。凯恩斯理论一出，资本主义国家开始接受他的理论并执行"新政"，资本主义从萧条中回归。凯恩斯主义似乎拯救了资本主义世界。

第三章　离岸金融的金融安全形势发展现状与未来

随着国际反洗钱、反恐怖主义融资、国际反核扩散、国际反腐败工作的不断推进，第二次世界大战之后产生的离岸金融中心逐渐褪去历史的光环，昔日盛世已成往事。根据中国的天网、猎狐行动，美国的海外反腐败行动可知，离岸金融中心必须开放自己，实现账户的可查询。过去，离岸金融中心的客户账户实行保密政策，随着国际金融安全形势的发展，这些离岸金融中心都已经成为明日黄花。除此之外，中国"一带一路"倡义也需要新型离岸金融中心，目前我国已建有自己的离岸金融中心。习近平总书记明确指出："金融活，经济活；金融稳，经济稳。经济兴，金融兴；经济强，金融强。"目前，我国的金融改革创新开放已进入"攻坚期"和"深水区"，随之再次提出了我们要在改革创新开放的前沿重点地区率先建立和加快发展"离岸金融"。

具体而言，第一，世界各国的离岸金融定义不尽相同，深入理解离岸金融的概念十分重要，本文离岸金融的概述主要从离岸金融的基本概念、离岸金融的历史变迁、离岸金融市场的主要特点等方面阐释。第二，纵向而言，应厘清发展历史和脉络，其壮大的潜在风险以及可获得的收益；横向而言，应对比国际社会"离岸金融"的有利经验和不利教训，并从中获得启发。第三，离岸金融中心的相关法律问题主要涉及返程金融在离岸金融中的关联法律问题、自由贸易区中离岸金融的相关法律缺陷。第四，在"一带一路"倡议下，分析为何打造中国离岸金融中心势在必行。第五，总结我国反洗钱问题并提出应对之策，阐明完善我国反洗钱监管机制和加强我国反洗钱工作的国际合作是重中之重。

一、离岸金融概述

（一）离岸金融的基本概念

根据《离岸银行业务管理办法》的规定，离岸金融的适用主体为非居民。

"非居民"是指在境外（含港、澳、台地区）的自然人、法人（含在境外注册的中国境外投资企业）、政府机构、国际组织及其他经济组织，包括中资金融机构的海外分支机构，但不包括境内机构的境外代表机构和办事机构。离岸金融通过银行作为纽带和媒介，在某国境内从事与所在国已有金融制度基本无关联的货币交易活动，而货币的发行国并非交易所在国，且并不受交易所在国的金融交易相关法律法规约束。

离岸金融的最鲜明特点就在于其离岸属性，具体而言，是指实施交易的主体及其对象。拓展开来，即进行交易的双方都不拥有交易地国籍，称之为交易主体的离岸属性；双方的交易内容并非由离岸金融中心所在国发行，主要以货币为主。这样的"双重离岸"属性是离岸金融不可或缺的特点。

（二）离岸金融的历史变迁

第二次世界大战结束后，美国开始积极实施马歇尔计划，展开经济援助，协助重建饱受战争之苦的西欧国家。欧洲与美国之间有了巨大的贸易逆差，一时间欧洲出现大量美元。而在美苏双方形成两极格局之时，处于苏联势力范围的东欧避免将已有美元存入欧洲银行，以防美国对其监督管控。另外，由于美方当局对本国的自然人和法人同样采取严格的监管措施，其中对银行的储备资金设置门槛，征收高额税费等，并且将本国的货币投入欧洲的银行或者货币市场；由于欧洲的良好经营环境，美国银行也随之攻城略地，与其储蓄客户向欧洲转移，形成了以伦敦为核心的银行业，以经营美元为主，交易主体为非当地居民，由此进一步扩散形成了欧洲美元市场，其中交易货币种类也逐渐出现多种欧洲货币，形成了欧洲离岸金融市场。

与此同时，中东的阿拉伯国家大量销售石油而储蓄了相当多美元，美元可以进一步刺激原油销售，带动相关产业发展，促进本国经济繁荣，于是以美元交易的离岸金融中心便在中东产生。处于相同时代的开曼和巴拿马由于属于天然海洋岛国，地势狭窄，资源匮乏，于是开始积极向他国学习发展银行产业，扬长避短，以促进本国的经济发展。为了吸引大量境外资金来投资本国的银行业，他们实行低税率和宽松的监督管理，就有了"避税港"之美称。1964—1973 年，美国银行在海外开设的分支机构数量从 181 个增至 699个，其中 181 个在加勒比地区，156 个在欧洲 OFC。在这段时间里，其海外资产从开始的 70 多亿美元增至 5300 多亿美元，避税港型金融离岸中心得到了快速发展。

20 世纪 80 年代，经济水平较高的资本主义国家旨在吸引外资和提升自身竞争力，离岸金融中心已逐步建成，具有自身特色。美国和日本在各自国家建立了国际银行业务。国际银行的离岸和国内业务必须建立单独账户，以分离在岸和离岸账户，由外资或者本国境内居民设立特殊账户，但是由于其国家原发行货币在国际上的高度流通性和认可度，实则在岸色彩更浓重一些。

（三）离岸金融市场的主要特点

1. 交易性质多重涉外与独立性

以往的传统金融中涉外因素相对比较单纯，以本国境内的金融市场作为根基向外延伸出部分涉外属性，比如资金筹集者拥有外国国籍，但是其所交易的客体（货币）内容及其提供一方仍然与本国境内的金融市场一致，皆有市场所在国供给并在其国内金融体系中流通。一言以蔽之，传统的涉外金融市场本质上只具有一国性质，同时要接受所在国法律的严格管控。然而，离岸金融的多重涉外性和独立性，即离岸属性，不仅交易主体为非交易地国民，交易客体也均来自他国，其交易的内容与体系和发行国金融体系平行并列。此外，丰富的币种在市场中流通，并不拘泥于市场所在国的种类。

2. 交易场所的电子化

离岸金融并不具有实体交易场所，主要平台是虚拟电子网络。交易过程中的资金使用、存储、借贷等都需要通过往来银行和电子资金划拨机制实现。借助电子网络的虚拟属性正是离岸金融的亮点之一，外国公民不受时间、地点的限制，使交易变得更加方便迅速。

3. 法律监管宽松

离岸金融的一大优势在于与市场所在国已有的金融体系平行并列，不受其影响，并且可以在金融法律的相关监管下享受优惠政策。例如，在美国，经美联储审批之后，境外金融机构进入国际银行设施，可以在美国享受方方面面的优惠政策，比如，在存款限额、利润率限制额等方面脱离美国相关法律法规的监督管理，进行境外居民的存款吸收业务。

由此可知，离岸金融所具有的特点为交易性质多重涉外与独立性，交易场所的电子化，法律监管宽松等特点，相比传统的涉外金融，离岸金融鲜明地体现出了操作灵活性和市场广阔性。离岸金融已经成为国际金融体系的重要组成部分，离岸金融在当今和未来的前途不可估量。

二、横向对比境外离岸金融给我国的启示

(一) 以发展目的作为宏观切入点所进行的划分

本身具有良好经济状态的国家主要以日本和美国为代表，其根本目的在于为本国经济服务，为与国境之内有金融关系的非居民提供便利。一方面在储蓄和税率提供便利与优惠，另一方面也注意风险隔离，审时度势实施管理。纯粹离岸岛国的根本目的在于创收，发展本国经济，但同时风险巨大，监督与管理松懈，资本可以自由流动，洗钱与避税是其长期以来的固有隐患。

(二) 从在岸与离岸关系剖析全球离岸金融中心所进行的划分

第一，避税港型。避税港型的离岸金融中心不存在实质上的资金交易，主要内容是以记账为主。从地理上来说，以内陆和沿海的小面积国家和岛国为主，由于其本国资源匮乏，无良好经济基础，劳动力短缺等缺点，出于发展经济的需要，发挥其税收优惠、管控松懈、政策确定性强等优势，让非居民顺理成章地达到规避管理和少交税款的目的，通过这种方式来吸引境外的企业来本国投资。

第二，分离渗透型。该类型的离岸金融中心的主要特点是在岸账户和离岸账户处于分离状态，但在一定条件下，国家会根据实际经济需要使离岸账户间出现渗透，允许部分离岸账户资金流入本国金融市场。居民对于离岸金融的参加也获得许可。居民、非居民以及其他离岸金融机构为该类型的交易主体。泰国就曾开设国际银行，使得居民获得从离岸市场进行国际货币的贷款。

第三，内外分离型。离岸金融与在岸金融不管是资金交易还是账户管理都分开进行，二者之间的资金流动被禁止。交易主体进入市场需要接受严格审核，以发达资本主义国家美国和日本为例，这两个国家对其居民参加离岸金融业务进行严格限制。

第四，内外一体型。国内金融与离岸金融相结合，使得资本顺畅流通。主体在进入市场时可以跳过审核环节，管理体系并不十分严格。但是市场提供周到服务，夯实基础设施建设，以我国香港特区和英国伦敦等大型国际金融中心作为典型。

三、离岸金融中心的相关法律问题

（一）返程金融在离岸金融中的关联法律问题

以非实践角度来说，在返程投资过程中，企业的目标公司关于控股股东和实际控制人的组成部分全部都有重合，由此可知，处于境内的子公司和特殊目的公司出现关联交易的情况频率极高。其最主要的行为在于转手固定价格等若干相关联行为，使得境内所产低成本商品转给境外企业，境外进行二次包装销售，出现了跨境资本运作的情况。如果政策及其相关法律法规发生变动，境内外可以迅速切断联系，出现监督管控空白的情况，有关部门对这种资本外逃的情况必须加以重视。

（二）自由贸易区中离岸金融的相关法律缺陷

离岸金融在我国建立的时间较晚，其发展可以分为 1989—1998 年试点阶段、1999—2002 年全面停办和清理整顿阶段、2002—2007 年复办阶段以及 2007 年至今的扩张阶段。从宏观角度观察其发展脉络以及相关法律法规的通过和监督管理过程，实际上彼此之间处于一种割裂状态，就立法层面而言，也未达到亦步亦趋。当今时代，我国自由贸易区中，离岸金融的法律主要体现如下：

一是离岸金融管理失调法律体系零散分离。在我国当今的立法领域，完整统一的离岸金融法尚未形成。从目前来看，管理我国境内离岸金融中心所依据的主要法律是《离岸银行业务管理办法》和《离岸银行业务管理办法实施细则》。前者是由中国人民银行制定，后者则由国家外汇管理局制定。尽管如此，这两个法律文件在法律位阶上不高，不能满足我国离岸金融中心的管理需要。另外出台的其他形式文件则为规范性文件，实践中出现了监督错位和管理失调，与现有的离岸金融市场无法形成全方位匹配的体制机制。《离岸银行业务管理办法》属于部门规章范畴，《中华人民共和国商业银行法》则属于法律范畴，显然两者存在冲突，在运用其具体规则的时候无法适用先后原则以及特别法与普通法。

二是许可范围狭窄，扩展深化存在障碍。根据我国相关规定，离岸金融的经营方是由中国国家外汇管理局审核之后允许进行离岸业务经营的中资银行及其分支机构。然而，目前仍然存在一些相关法律管理的空白区，例如，我国相关的离岸金融法律并没有对外资银行以及中资商业银行在海外设立的分支机构参与离岸金融业务作出规定。从我国自由贸易区的法律来看，只有中资商业银行开展离岸金融业务才切合法律标准。但是在实践中有相当数量的外资银行进行离岸金融业务经营，这样的模式已经获得政府的允许，并且出台了相关政策进行管理。值得一提的是，虽然进行相同的离岸金融业务经营，但是中资与外资银行却有可能受到不同的法律与政策约束，在某种程度上，可能是对公平原则的违背。当前大有外资银行在我国的自由贸易进行"先占"壮大离岸金融业务趋势，加强法律方面的规制势在必行。根据我国《离岸银行业务管理办法》，自由贸易区允许经营的正面清单中仅有离岸货币业务为主的离岸银行业务。因此，我国应尽快从体系、结构和种类上对离岸金融市场进行完善。现今，我国并未形成一套切实可行的风险管控方案与办法，这与逐步提升的汇率以及利率的市场化水平不能匹配，导致离岸货币市场极易处于险境。离岸金融的相关新型产品并未进入核准范围，对其业务拓展、结构转型升级、风险降低与控制都极为不利。

监管方权能无法与离岸金融市场达到亦步亦趋。目前，从我国《离岸银行业务管理办法》《中华人民共和国外汇管理条例》《国务院机构改革方案》中的银保监会相关职能来看，其范围在某种程度上已经超出了法律所授权，实践中国家外汇管理局的管辖权力相当受限。

离岸金融市场多种多样，并不拘泥于离岸货币市场与离岸银行，比如信托、证券、保险等领域，有关部门的监督管理权限难免鞭长莫及。目前，在离岸金融市场的各个组成部分之间的联系"你中有我，我中有你"，密不可分，同时也衍生出其他错综复杂的相关产品。在自由贸易区的相关管理与监督必须配套，从宏观加以把握，有条不紊地应对自由贸易区高速发展的良好态势。但是不得不考虑立法权的限制，我国自由贸易区迈开步子，大胆作出探索势在必行，这才是保持离岸金融市场健康肌体和维护金融安全与稳定的可行之道。

原有的监管体系存在隐患与缺陷。依据《离岸银行业务管理办法》，一方面为了构筑防范风险的"防火墙"，另一方面为了使得离岸账户的支付能力大大提高。具体操作方法是许可在岸金融在法定范围内向离岸金融补足资金。然而，实践中却不尽然，离岸银行为了自身发展壮大，拓展业务范围，两种账户之间有了资金的流入与流出，导致两方业务之间失去平衡。如果离岸业务资产迅猛增长，而负债业务却无法与之达到同步，离岸中心的原客户所在国一旦出现风险，极容易导致东道国处于险境。境外金融和境内金融资本顺利流动后，境外金融客户很可能与担保机构串通，骗取外汇出境。

四、"一带一路"倡议下打造中国离岸金融中心势在必行

当前，中国正在通往社会主义现代化强国的道路上不断努力奋进，紧紧把握时代脉搏，在"一带一路"倡议下全力打造具有中国特色的离岸金融中心。这是中国在新时代强国战略下的一个新机会，功在当代，利在千秋。

通过剖析概念，我们不难得出国际离岸金融中心的基本概念，绝大多数情况是某国政府的主要管理单位审核创设，通过极具吸引力的税收政策，使得境外投资者在特别圈定的地区从事离岸金融领域，带动本国经济及其相关产业发展。近年来，中央未雨绸缪地提出"一带一路"倡议，可以从以下方面具体分析我国应该抓住机遇，迎接挑战的大环境。

一是顺应民意。身处变革时代，无论是政府还是民间都在上下求索，在改革开放的康庄大道上有所作为，资本无法及时供应与补足等问题往往成为改善民生、发展经济的绊脚石。资本市场有待完善，国际金融产品种类欠缺，相关中介种类闭塞，矛盾众多，很多尚未解决。在"一带一路"倡议下建立离岸金融中心正是消除种种弊病的良好时机。

二是全球一体化的大背景。目前，中国政府正在深化和大力推进"一带一路"倡议，全方位与国际化接轨，金融革新的步伐不断前进；囊括亚洲、太平洋的经济贸易区有望建成，区域经济一体化指日可待。中国构建自己的国际离岸金融中心能够使资金顺畅流动，加强与各国产业链之间的联系，这也为"一带一路"提供了有效的资金保障。

三是提升国力的推手。我国在改革开放过程中不断推出金融改革的相关政策，使得我国金融体制在全球化背景下发展壮大。国际投资的准入也将不断放宽，在开放的同时也需要面对日趋激烈的竞争环境。在喜人与逼人的情况下，在试点城市勇于创新摸索，使良好政策支撑、高素质劳动力、金融基础设施建设优良的优势得到最大显现。在条件适宜的自由贸易区打造具有中国特色的离岸金融中心是大势所趋，具有划时代意义。

五、我国反洗钱问题

（一）加强我国反洗钱监管机制的必要性

20 世纪 20 年代，美国一位黑手党成员为了将其从事非法活动所获得的资金合理化，在芝加哥开了一家洗衣店，把这些非法收益算入该店的结算账单中，从而达到将非法收入转变为合法收入、逃避司法打击的效果。"洗钱"一词应运而生。时至今日，根据《中华人民共和国刑法》及其司法解释的界定，洗钱犯罪往往成为恐怖活动犯罪、毒品犯罪、黑社会性质的组织犯罪、走私犯罪、贪污贿赂犯罪、金融诈骗犯罪等的下游犯罪。

如今，全球化程度加深，各国的经济联系越来越密切，而洗钱犯罪的跨国性质也更加明显。各国越发认识到洗钱活动对国家正常经济秩序和金融安全的损害和威胁。例如，美国、欧盟等早在 2000 年便对洗钱犯罪活动开展了大力的监察和管控。同年 6 月，包括巴拿马、菲律宾和俄罗斯等 15 个国家被列入了首个全球洗钱黑名单。

近年来，由于发达国家陆续建立了较为完备的反洗钱机制，一些反洗钱机制与监管机制不完善的国家成为洗钱犯罪的重点活动地区，这些国家大部分属于发展中国家。他们需要大量境外资金来促进自身发展，但尚未建立一个完善的金融监管制度，这都为洗钱活动提供了土壤。实际上，许多发展中国家政府对反洗钱的重要性认识不足，有些人甚至认为反洗钱对发达国家普遍有利。对发展中国家而言，反洗钱的必要性并不突出，乃至"黑钱"流入会给急需资金的发展中国家经济体带来好处。这种观点是对洗钱犯罪的姑息与纵容，从长远来看，洗钱活动对世界上任何一个国家的危害都远远大于其带来的"益处"。

毫无疑问，洗钱犯罪活动将会严重损害正常国际金融市场秩序，对国家金融安全稳定造成严重威胁，在某种特定条件下甚至会成为全球金融危机的重要根源，进而影响国家安全。一方面，作为事后的"销赃"手段，洗钱活动是上游犯罪的最终出口。任由洗钱活动猖獗，不仅不利于我国经济的平稳发展，还会损害政府的公信力以及在国际上的形象。另一方面，洗钱的手段层出不穷——证券交易、古董买卖、设立皮包公司、在海外投资活动中谎报外贸产品价格、设立地下钱庄或地下赌场等犯罪活动本身也构成了对我国社会稳定的极大破坏，而通过洗钱活动得以外流或合法化资金的结果，也给国家造成严重财产损失。更严重的是，洗钱活动的横行还会损害国家的国际形象，对洗钱的监管不力会使我国难以树立负责任的大国形象，从而延缓了我国市场融入国际社会，加强全球化进程的速度。

自改革开放以来，我国很多方面都获得长足发展，我国的经济与世界其他国家相互影响的程度越发加深，国际地位也进一步提高。对于我国而言，要切实做到保证国内经济社会水平持续健康稳定有序发展、保障国内基本金融安全、防控金融风险，建立完善的反洗钱监管机制显得尤为重要。我国对反洗钱工作的重视逐渐加强，2019 年发布的《银行业金融机构反洗钱和反恐怖融资管理办法》就对我国银行业金融机构反洗钱和反恐怖融资作出了说明与规定，进一步强化对洗钱等违法行为的监督管理以及惩处力度。我国积极与其他国家合作，进一步完善本国关于反洗钱违法活动的法律法规构建，有利于切实维护我国自身利益，也是推动我国经济进一步市场化国际化、深化经济改革对外开放的必由之路，更是实现中华民族伟大复兴的必然抉择。

（二）加强我国反洗钱工作的国际合作

随着全球化朝向纵深发展，人口、资金、技术在全球范围内的流动性空前加强，这给打击跨国洗钱工作增加了难度。面对日益严峻的反跨国洗钱形势，世界上任何一个国家都难以独善其身，全球化的历史大趋势要求我们必须加强反洗钱的国际合作。加强反洗钱国际合作，首先要以现存的国际公约为支撑和依托。目前，我国已经加入了《联合国禁毒公约》《联合国打击跨国有组织犯罪公约》《联合国反腐败公约》《制止向恐怖主义提供资助的国际公约》等国际公约，我国应当履行公约中规定的国际义务，加强对反洗钱活动的监管与打击力度，完善我国反洗钱制度与理论的构建。

1. 借鉴国际经验，提升我国反洗钱法律规范国际化水平

我国完善反洗钱法律制度，不仅是维护本国利益的需求，更是遵守国际法规、履行国际义务，树立良好国际形象的需求。西方发达国家早就建立了完善的反洗钱制度，故对我国的立法工作有一定借鉴与参考意义。联合国的《与犯罪收益有关的洗钱、没收和国际合作示范法》、《反恐融资八条建议》、欧洲议会和理事会《2005/60/EC 号关于防止利用金融系统洗钱和恐怖融资的指令》等，都为我国反洗钱工作提供了相应的法律对策与解决之道。对于《联合国禁止洗钱法律范本》、国际金融行动小组《反洗钱建议》和巴塞尔委

员会《反洗钱声明》中的一些原则，我国可以根据国情进行进一步修改或完善，避免对于具体规定的机械照搬，做到洗钱定义具有国际兼容性。这样才能制定出一个符合我国国情，真正严格有效地打击洗钱违法活动的法律规范。

2. 加强国际反洗钱的司法与执法协助和合作，强化国际金融情报交流共享

由于洗钱活动的跨国性，各国相关机构关于反洗钱的司法协助与合作、情报共享十分必要，有利于进一步打击国际间的洗钱违法活动。通过建立引渡条约，犯罪分子在世界上找不到任何栖身之地以逃避法律追究，有助于加强反洗钱法律的震慑力与执行效果。我国主管部门可以通过双边条约、协议、协定或谅解备忘录与国外对口部门展开警务合作以及情报交流、协查、暴露非法获得财产、拘留、抓捕等国际司法与执法合作。

同样地，由于洗钱活动呈现出跨国趋势，各国加强国际反洗钱情报的交流与共享尤为重要。仅靠一国掌握的零星线索，难以对整个跨国洗钱犯罪集团形成有效打击。因此，各国应当建立国际反洗钱的情报交流与共享制度，一方面，在国际反洗钱联合执法行动中注重协同配合、信息共享；另一方面，要建立长期的、机制性的金融情报交流与共享机制。金融情报交流合作的前提是签署谅解备忘录或者换文，经过双方议定的流程实现金融情报的交流合作。

3. 以反洗钱机构为支撑，加强国际合作

近年来，反洗钱斗争中的相关牵头机构作用凸显。国际上，反洗钱行动以金融行动特别工作组和区域反洗钱组织为中心，同时获得了其他外围国际组织的协同配合。例如，国际货币基金组织和世界银行正在努力将金融行动特别工作组的《40条建议》纳入其国际标准与准则，埃格蒙特集团的影响力也在不断扩大。

2004年，中国人民银行已经联合银监会、证监会、保监会与国家外汇管理局等多家单位共同成立了我国反洗钱领域的合作机制。同年7月，中国反洗钱监测分析中心正式成立，该中心是为中国人民银行负责收集、分析、监测和处理提供中国反洗钱相关信息的国家专业监测机构，履行指导全国反洗钱监测工作的主要职责。2006年10月，国家颁布了《中华人民共和国反洗钱法》，其中第十条明确确立了中国反洗钱监测分析中心的法律地位。国务院于2007年通过了《反洗钱工作部际联席会议制度》，进一步完善了我国反洗钱的部门分工。

作为专门处理国际洗钱犯罪的机构，反洗钱机构在国际反洗钱合作中发挥举足轻重的作用。我国曾一度对加入相关国际反洗钱机构不甚热心，然而随着我国国际化的进程不断加深，我们更加意识到要有力地打击国际洗钱犯罪，就必须建立反洗钱机构，在反洗钱机构的支撑下，进一步加强与其他国际相关机构的或国际上反洗钱组织的合作。早在 2007 年，我国已开始相关机构的建设，在国际上，我国也成为反洗钱金融行动特别工作组的正式成员。

实践表明，我国在机构层面越发重视与国际接轨，与主要世界反洗钱机构的联系日益密切。目前，我国作为欧亚反洗钱与反恐融资小组和亚太反洗钱组织的创始国成员之一，在国际反洗钱领域发挥重要作用。事实上，我国加入国际反洗钱机构，不仅可以增强打击跨国洗钱犯罪的能力和力度，更有利于进一步与各国签署反洗钱合作协议和谅解备忘录，促进其他国际合作的开展，促进我国在其他国际组织内开展工作，进而为开展国际情报交流提供便利。此外，我国于 2004 年成立了中国反洗钱监测分析中心，负责接送、分析和移送金融情报。

（三）加强对利用离岸金融所实施的洗钱犯罪的监管

作为国际金融的一种特殊形式，离岸金融是国际金融的创新与发展，具有国际化、自由化程度高以及结算手段先进、交易便利的特点。按照离岸金融市场性质不同，离岸金融可以划分为纽约型、伦敦型和巴哈马型。其中，巴哈马型离岸金融市场由于只有记账而没有实质性业务，逐渐成为洗钱、逃税等活动的理想"避风港"。因此，加强对利用离岸金融所实施的洗钱犯罪的监管，各国要格外重视对巴哈马型离岸金融市场风险的分析与防范。

1. 巴哈马型离岸金融市场潜在逃税与洗钱风险的分析

海外离岸投资中心备受各国投资者青睐，宽松的外汇政策、优惠的税收政策、简易的注册流程、便利的金融服务与完备的保密措施使得各大跨国公司更倾向于选择离岸金融市场作为公司的注册地。以享有"离岸金融经济的引领者"之称的英属维尔京群岛为例，截至 2014 年，在英属维尔京群岛注册的各类企业、信托及其他形式的注册公司已接近 1000000 家，据相关调查数据，41% 的全球离岸组织都在英属维尔京群岛注册。除此之外，传统的巴林、百慕大群岛、开曼群岛与新兴的哈伊马角、塞浦路斯都是当今世界离岸金融市场的可选项，离岸业务在全球资本市场的发展越发趋于多元化、繁荣化。尤其近年来，离岸法区对于离岸公司股东相关资料的保密权利，使其成为理想的洗钱、逃税活动的场所。例如，在世界著名离岸金融服务中心巴哈马，其国际金融服务的一个重要组成部分是私人财富管理，它通过银行或信托机构向有需要的客户提供定制的国际商业交易、资产管理和财产规划，实现个人、家庭的资产转移。由于巴拿马实行税收中性政策，免征资本所得税、遗产税、公司和个人所得税、红利税和利息税，其成为公开的避税天堂。其《银行法》《国际商务公司法》《信托公司法》《基金管理法》《反洗钱法》等形成了完善的法规体系，法律的实施不受政党、政府的干预。再如，1976 年，开曼群岛制定的《保密关系法》是外国相关机构很难通过其银行获取客户信息，这无疑又为洗钱犯罪的滋生提供了温床。根据新浪网《中移动外逃高管洗钱通道：离岸公司账户走账》信息，2015 年，中国移动前高管李向东洗钱案中，李向东就利用在香港的离岸公司存转资金，试图掩盖其犯罪事实，这足以对我国的反洗钱工作部门敲响警钟，加强对使用离岸中心进行洗钱活动的防范与监管。

2. 完善防范离岸金融风险的措施

面对国际上越发严峻的反洗钱形势，我国的首要任务是采取措施，完善离岸金融的风险管理制度，建立符合我国国情的离岸金融监管体系，有效地打击洗钱等违法犯罪行为。在我国金融体制改革不断深化时期，想要更好地发挥反洗钱机制作用，就要建立透明度高、切实有效的离岸金融监管体系，此外，还要进一步加强国际合作，打击借用避税港离岸金融中心达到非法目的的犯罪行为。具体来说，防范离岸金融风险需要建立健全金融实名制制度，不仅是对银行账户，一些非银行金融机构的客户如股票、期货等账户都需要通过实名制认证。此外，还要进一步强化现金与支付的监管措施，加强相关部门对现金交易和支付的管控。同时，我国还应该积极实行并落实基于真实怀疑的可疑交易报告制度、独特的客户身份确认制度，设置专职反洗钱报告官，对相关人员进行必要的业务培训，明确反洗钱报告官的相关义务，强化其法律责任。

此外，在国际金融市场，我国要加强对洗钱等金融犯罪的风险防范。首先，我们可以加大对资本流动的监测范围，将资本内流与外流、外资企业与内资企业一起纳入监测范围。我国有关部门应当通过恰当的方式，将实质上属于内资企业的离岸金融公司纳入离岸金融的监管范围，并对其进行监管。其次，我国还要强化对离岸公司投资企业的金融监管，尤其要注意防范从我国境外的避税港型 OFC 转嫁而来的风险。最后，我国可以通过与各国的合作，对避税港离岸金融中心施加压力，敦促其加强与各国政府和相关国际机构间的金融情报共享，协力合作，精准有效地对洗钱、逃税等行为进行打击；增强其法规透明度，改革银行保密方面的法律法规，让试图借助离岸金融实施洗钱等非法行为的犯罪分子无可遁形。

综上所述，在经济全球化时代，推进离岸金融发展是推动社会主义市场经济建设不可或缺的环节，这关系我国是否能在国际金融体系中占据一席之地。从宏观层面来看，发展离岸金融中心是国际金融体系中的一部分，是经济发展繁荣的重要推手。面对我国不断水涨船高的经济趋势，对外开放水平走向质变，因此，"一带一路"倡议下，全面理解离岸金融、掌握离岸金融发展脉络至关重要；抓住机遇、迎接挑战，参与到离岸金融中心的建设是必由之路。在发展过程中要牢记中国独特的国情，在提升资本吸引力的同时，在离岸金融的监督与管控方面，不断完善离岸金融中心的相关法律机制。对于离岸金融中心可能出现的洗钱犯罪保持高度重视和警惕，防止其成为金融危机的"隐疾"。需要注意的是，洗钱犯罪属于非常规可见的交易，流动规律通常无章可循，在打击洗钱犯罪的过程中要"向情报要战斗力"，把大数据作为利器，对可疑交易报告进行分析、汇总、研判。反洗钱工作需要众多执法与司法机关的通力合作，具体而言，以总体国家安全观的思想为指导，设立"大反洗钱"机制，统一领导，分工合作，通力配合，立法工作更要牢牢把握经济发展的最新形势。

第四章 金融情报制度与《国家情报法》的关系初探

一、金融情报制度

（一）金融情报定义

根据《埃格蒙特集团关于金融情报机构概念的解释》，金融情报是指关于涉嫌金融犯罪的所得信息以及由国家法律或法规规定、为打击洗钱或恐怖融资行为的信息。简言之，金融情报是指由法律法规规定，涉及金融犯罪或涉及打击洗钱与恐怖融资的信息。

（二）建立金融情报制度的必要性

随着中国对外改革开放进程不断推进，贩毒、贪污受贿、诈骗等经济犯罪行为时有发生，洗钱活动愈加猖獗，其跨国的属性进一步凸显，为打击洗钱等工作增加了难度。

早在 2008 年，《货币战争》作者宋鸿兵先生通过对近百年来的金融风险及危机的分析，认为当时我国十分缺乏"货币战争"的意识和准备，建议我国应尽早健全金融情报网和相关的金融情报专门机构，进行搜索、收集以及分析重要金融信息[1]。无论是国家之间的经济较量、金融博弈，还是军事斗争的需要，金融情报都应该在中国的情报搜集、研究、分析领域占有一席之地[2]。

2017 年，中国人民银行发布了《2017 年中国反洗钱报告》，根据此报告

---

[1] 彭靖里、陆家康：《我国金融情报研究与应用的现状及存在问题分析》，载《现代情报》2011 年第 31 期。

[2] 王幸平：《金融情报学（第一版）》，金城出版社 2018 年版。

可知，该银行各分支机构 2017 年已发现和接收可疑交易报告 10256 份，经过一番筛选，针对其中的 809 份可疑交易报告开展了反洗钱的行政调查。与 2016 年数据相比，中国人民银行各分支机构协助侦查机关调查和破获的涉嫌洗钱案件数量都有所上升。其中，许多案件的涉案规模广泛，涉案金额巨大，影响面甚至覆盖全国。以洗钱为核心的犯罪行为，对国家社会稳定和经济发展都造成了很大的消极影响。从目前来看，我国的经济活动与世界市场日益密不可分，呈现"你中有我，我中有你"的关系，在新时代背景下，我国也需要应对新的社会矛盾才能更好地提高人民生活水平，因此，加强金融情报体系建设，不论是对我国维护经济稳定，还是保障国家安全都意义非凡，这也是本文研究的原因之一。因此，我国应该不断加快健全完善金融情报体系，维护国家的金融安全和社会稳定。

（三）我国金融情报制度发展概述

1. 国内金融情报相关法律

我国对于情报工作的关注与研究始于 20 世纪 90 年代，我国学者主要研究内容是经济发展周期理论；1998 年，亚洲金融危机席卷而来，对中国沿海发达地区经济发展产生负面影响。因此，人们逐渐意识到经济或金融危机不是资本主义制度所独有的，而是市场经济条件下普遍存在的客观规律。我国的一些专家就对如何保障国家经济金融安全展开研究，他们初步分析了金融风险的产生因素以及对金融风险评价体系建设进行了探讨，这些都是我国金融情报理论的初步研究，为以后的研究打下了坚实的基础。

2002 年 10 月，《领导人关于反对恐怖主义和促进经济增长的声明》正式发布，这标志着中国将建立金融情报机构，以便服务我国反洗钱工作。2003 年 12 月，修正后的《中华人民共和国中国人民银行法》是中国人民银行成立国内金融情报机构的原始立法依据。

2004 年，中国人民银行联合银监会、证监会、保监会与国家外汇管理局等单位成立了反洗钱合作机制。2004 年 4 月，我国成立了首个国家金融情报机构中国反洗钱监测分析中心，主要负责搜集情报、分析情报、监测，以及提供反洗钱情报等。

2006 年 10 月，《中华人民共和国反洗钱法》通过了审议，该法明确提出要建立金融情报机构，也规定了金融情报机构的主要职责为分析、报告金融情报信息，此举使我国金融情报法律得到进一步完善[1]。

2007年，国务院通过了《反洗钱工作部际联席会议制度》，推动我国反洗钱部门分工机制进一步完善，通过明晰细化各部门责任，进一步提高不同部门之间分工协作效率，更好地打击洗钱等犯罪活动，让洗钱犯罪无可乘之机。

上述提及的法律是我国金融情报工作法律健全发展的重要基石，有力地推动了我国金融情报机构和金融情报学科发展，不只关注理论研究，而是奉行和坚持理论与实践相结合，在实践摸索中，不断完善理论，根据理论指导具体实践。

2017年8月，我国印发了《国务院办公厅关于完善反洗钱、反恐怖融资、反逃税监管体制机制的意见》（以下简称《三反意见》）。《三反意见》涉及六大方面，分别是健全工作机制、完善法律制度、健全预防措施、严惩违法犯罪活动、深化国际合作、创造良好社会氛围，围绕上述六大方面，提出的具体举措共计二十余项。《三反意见》可被称为我国反洗钱体系最全面的顶层设计，对我国未来的"三反"具体工作具有指导意义。

2. 国际间金融情报合作

洗钱犯罪的跨国性质促使我国进一步加强金融情报的国际合作，在此过程中，我国相关金融机构如反洗钱监测分析中心起到关键作用。毋庸置疑，无论是现在还是未来，我国都将持续推动与其他国家在反洗钱、反恐怖等方面的金融情报合作与交流。例如，2007年，经过工作组全体会议一致协商同意，我国成功加入了埃格蒙特组织和反洗钱金融行动特别工作组，加强了金融情报的国际交流合作工作。

此外，我国还与多国签署了金融情报交流合作谅解备忘录或协议，如韩国、俄罗斯、泰国、马来西亚等，旨在在国际层面上加强合作交流。值得一提的是，我国与俄罗斯等国家共同建设了欧亚反洗钱与反恐怖融资小组（EAP），这一地区性金融情报合作组织的建立，有利于国际间金融情报工作的执行[2]，有利于各国携手，共同维护和坚守世界金融安全与稳定。

中国的金融情报机构与世界各国相关机构秉持平等互惠理念，在金融情

---

〔1〕 王幸平：《金融情报学（第一版）》，金城出版社2018年版。

〔2〕 彭靖里，陆家康：《我国金融情报研究与应用的现状及存在问题分析》，载《现代情报》2011年第31期。

报信息的收集、传递、分析及共享等方面加强全面交流。此外，还定期开展机构人员学习交流、情报研究、会商等活动，从而提高了情报工作效率和合作效果，旨在强有力打击涉及洗钱、恐怖主义等金融犯罪活动。近年来，我国国际间金融情报合作机制与体系日趋完善和发展。

二、《国家情报法》

（一）立法背景

在网络技术快速发展的今天，很多信息能够借助网络不加甄别地被广泛传播，然而一些民族分裂势力、恐怖主义势力、极端宗教势力等更是借助网络发出一些具有迷惑性、误导性的思想和言论，一些境外势力不断通过网络媒体插手国内事务，混淆是非，寻衅滋事，以此来误导或迷惑社会民众，使其无法认清事情背后的真相，引起社会动荡，危害国家安全。

近年来，国家安全机关破获了多起极端事件，这些事件严重威胁了国家安全，损害了人民利益。虽然这些事件破坏了社会秩序，影响社会稳定，国家安全成为民众越来越关注的一个问题，但从目前来看，有的民众，尤其是青少年对于国家安全形势了解不够，这需要国家相关部门更加重视有关国家安全等方面的情报研究[1]。

从西方国家视角来看，情报研究是指关于情报研究、情报规律研究以及情报改进的工作。相比较而言，中国则统称为"军事情报学"，尽管名称不同，但是含义是相同的，它们的本质都是一样的[2]。但是把所有情报研究工作都称为情报研究有些过于狭隘，实际上"情报研究"是一个覆盖面广阔的概念，其内涵丰富多样。它不仅包括军事情报，还包括农业、工业、粮食、经济情报，甚至包括针对意识形态宣传与渗透的情报。例如，美国国家情报的类型划分就定义为"科技情报""军事情报""政治情报""经济社会情报"这四大类型[3]。这些情报的搜集与运用对于国家安全来说十分重要，一些新

---

[1]　《〈国家情报法〉释放哪些安全"情报"》，http://www.gjbmj.gov.cn/n1/2017/1102/c409091-29623872.html。

[2]　［美］谢尔曼·肯特：《战略情报：为美国世界政策服务》，刘微、肖皓元译，金城出版社 2012 年版。

[3]　［美］舒尔斯基：《无声的战争，认识情报世界》，罗明安、肖皓元译，金城出版社 2011 年版。

的情报领域仍需更加规范执行与管理，尤其是近年来日益引人注目的金融情报。

于我国而言，情报工作的历史源头可追溯到春秋时期，《孙子兵法》中"知己知彼，百战不殆"就表明了情报在战争中具有至关重要的地位。周恩来总理对我国军事秘密情报工作做出了重大贡献，将国家科技情报工作的功能定位为"耳目、尖兵、参谋"[1]。1993 年出台的《中华人民共和国国家安全法》更多强调如何实施和推动反间谍工作。

近年来，随着国际安全、政治等形势的改变，我国逐渐完善情报工作方面的法律制度。具体而言，2014 年 1 月，国家安全委员会成立，致力于制定和实施国家安全战略，处理重大危机事件和维护国家安全。同年 4 月，习近平总书记提出了"总体国家安全观"概念，将国家安全扩展为政治安全、国土安全、军事安全、经济安全、文化安全、社会安全、科技安全、信息安全、生态安全、资源安全以及核安全。其中，经济安全包含金融安全，旨在维护国家金融发展和保持国家金融实力处于不受根本威胁的状态和实力。随后的几部法律均有提到有关国家情报工作的开展。同年 11 月，国家主席习近平签署第十六号主席令予以公布《中华人民共和国反间谍法》，进一步推动了我国情报工作方面法律机制和体系建设。

2015 年，新版《中华人民共和国国家安全法》（以下简称《国家安全法》）颁布后，为了进一步规范我国情报工作，《中华人民共和国国家情报法》（以下简称《国家情报法》）应运而生。2017 年 6 月，经过 20 天的意见征集工作，《国家情报法》开始正式实施。因此，该法在一定程度上说明我国情报工作又向前迈进了一大步，象征着我国情报工作法律体系建设的新成果。

（二）主要亮点

《国家情报法》在第十二届全国人民代表大会常务委员会第二十八次会议上审议通过，自 2017 年 6 月 28 日起开始实施，旨在加强和保障国家情报工作，维护国家安全稳定和保护国家利益不受侵犯。总的来看，《国家情报法》的条款较为全面地概括指导了我国进行情报工作所应遵循的规章制度，以"总体国家安全观"为出发点，条款较为详细，亮点颇多。

---

[1] 肖占中：《伟人风采——周恩来与我党秘密情报工作》，http://www.360doc.com/content/11/1110/15/7966463_ 163336098. Shtml.

1. 目的明确，主旨突出

《国家情报法》第一章清晰指明该法的制定目的，规定情报工作的作用，阐释国家情报工作坚持的原则，明晰各单位及公民的责任以及人民的权益。尤其是经济迅速发展的今天，金融稳定与安全重要性日益凸显，我国需要建立健全集中统一、分工协作、科学高效的国家情报体制。基于这一高效情报体制，相关国家安全机关和情报机构必须按职责分工，相互配合，还需要其他组织和公民给予配合，通力合作，共同维护国家安全稳定和保护国家利益。

2. 明确规定国家情报工作机构职权

国家情报工作机构的主要职责是管理和执行情报工作，其职权的明确有利于情报工作的依法合理展开，有利于情报工作的顺利进行。《国家情报法》第二章规范了国家情报工作机构的职权，包括境内外职权，与有关部门及个人合作。国家情报工作机构应依法搜集处理危害国家安全及利益的相关情报，按照有关规定，与个人、组织及相关境外机构建立必要合作，开展相关交流工作。经批准，国家情报工作机构也可采用技术侦查措施和身份保护措施。

3. 明确规定国家情报工作机构人员的职权

《国家情报法》规定国家情报工作机构的工作人员经批准后可进入限制进入的有关场所，询问情况、查阅或调取有关档案与资料等，执行紧急任务时可享受交通便利。此外，《国家情报法》还对相关机构的工作人员规定了"6个不准"，这对情报工作人员在执行情报工作过程中提出了具体要求，具有指导意义。

4. 明确规定国家情报工作保障措施

根据《国家情报法》可知，国家情报工作机构及其工作人员在开展情报工作时受法律保护。如果在工作时，情报工作人员本人或者近亲属受到威胁或陷入危险，国家相关部门要采取必要措施对相关人员进行保护及营救，保证情报工作人员和其近亲属的生命安全。《国家情报法》还强调要安置好对国家情报工作作出贡献的人员，对于因相关工作导致伤残或牺牲等人员要给予相应抚恤优待。

《国有情报法》第二十六条明确表示要建立健全一个严格的监督和安全审查制度，及时防范处理滥用职权等违法违纪行为。第四章对情报工作机构工作人员违法违纪行为如何处罚作出了较为详细的规定。

《国家情报法》共有32个条款，考虑得较为全面，不仅考虑到国家安全，还考虑到人民利益，该法对我国今后依法开展情报工作，维护国家安全奠定了坚实的法律基础。总之,《国家情报法》奠定了我国情报工作的良好基石。虽然说情报工作所包含的范围十分广泛,但是国家情报工作制度及体系建设、情报分析研究以及情报工作的具体实施细则等还须不断细化。情报工作涉及经济、政治、军事等多个方面,如何培养跨学科、适应我国情报工作情况的复合型人才仍是国家高度重视的问题。除此之外,考虑到国际大背景,我国仍需进一步完善情报工作人员的多元化全面培训体系,提升国民整体素质,以及个人素质和法律素养,加大普法力度与情报安全教育以增强情报安全及国家安全意识,增强公民防谍意识,提高公民对相关情报工作的配合度,保守所知悉的国家情报工作。

三、金融情报制度与《国家情报法》的关系

《国家情报法》主要是规范军队情报系统、国家安全系统以及公安系统。由此,不难得出初步结论:金融情报制度和《国家情报法》没有特别直接的联系,因为《国家情报法》里没有提到中国人民银行、中国反洗钱监测分析中心等在金融情报制度中占据重要职权的机构。但我们不能因此就得出《国家情报法》与金融情报没有联系。换句话说,《国家情报法》与金融情报机构有间接的联系,依据《国家情报法》,国家安全机关和公安机关情报机构、军队情报机构要按照职责分工,相互配合,做好情报工作、开展情报行动。上述三个职权单位都有权力以各种形式搜集情报,因为这些情报涉及国家安全与国家利益,其中就包括金融情报,金融情报机构作为金融情报搜集接收等工作的重要一环是包括在《国家情报法》所规定的相关情报工作机构中的。

(一)《国家情报法》与金融情报机构

在世界范围内,各国反洗钱、反腐败立法以及犯罪情报搜集和分析处理的规定一直处于重要位置。有关反洗钱工作的形势越来越严峻,在这种大背景下,金融情报机构(Financial Intelligence Unit,FIU)由此产生[1]。作为全国性核心机构,它主要负责接收、索取、分析并向职能部门移送被披露的金融信息。而金融情报交流合作的前提是签署谅解备忘录或者换文,经过双方

---

〔1〕 刘凡:《加强反洗钱情报机制的法制建设——以我国金融情报机构为例》,载《广州大学学报(社会科学版)》2014 年第 13 期。

议定的流程实现金融情报的交流合作[1]。

中国反洗钱监测分析中心和行政主管单位中国人民银行反洗钱局是我国的金融机构，也是我国金融情报的出口。中国反洗钱监测分析中心肩负接收、分析和移送金融交易报告的重要职责，并且在相关法律条文的指导下进一步完善金融机构设置，提高我国对情报的分析处理能力，加强对情报工作人员的培训，努力建设世界一流的金融情报机构。

总的来说，金融情报机构是金融机构与情报机构的有机结合，是我国适应国际大环境变化、完善加强情报工作的重要产物之一。打击洗钱等违法犯罪行为、搜集金融情报工作需要一个完整的体系与网络，根据国际上的相关经验，需要由与国家相关的立法、执法、行政等部门组成，每个部门都有其独立的职能与责任，互相协调，缺一不可。在这个体系中，金融情报机构起到核心枢纽作用，其主要原因为：

1. FIU 的情报工作具有直接性和高效性

直接性体现在，作为独立的情报机构，FIU 能够直接取得报告主体的交易信息，而且无须经过特殊的调查程序。

相比国家强制执法权和司法权而言，FIU 的情报工作效率具有高效性。由于前者权力的行使程序受到《中华人民共和国刑法》和《中华人民共和国刑事诉讼法》的严格约束，需要较长时间，导致工作过程缓慢，尚需提高效率。相反，FIU 具有独立性，从而摆脱了上述调查过程中的弊端，展现了自身情报搜集的高效优势。

2. FIU 完善反洗钱工作的系统性

FIU 功能为金融情报的信息平台，可以提高情报传输工作效率和精准度，在开展执法、立法、政策制定机构等组织的相关工作中，起核心枢纽作用。倘若没有金融情报机构奠定坚实的基础，完善反洗钱体系的目标也就成了天方夜谭。

3. FIU 使执法体系打击犯罪活动更有预见性和主动性

传统来讲，打击犯罪的方法通常是一种事后救济；简单来讲，即便最后法律将罪犯绳之以法，使其受到应有的法律制裁，但是危害已经发生，并未起到未雨绸缪的作用。相比而言，FIU 可以对不同行业和机构进行洗钱风险评估，衡量各类风险指数，加强系统性监测，通过类型分析、手段归纳和趋势

---

[1] 金融情报机构：https://wiki.mbalib.com/wiki/金融情报机构。

研究等，逐步厘清经济犯罪规律，为执法机构提供合理预测，作为之后办案的线索和指导，从而协助执法机关更有针对性地打击犯罪活动。

4. FIU 既能有效打击犯罪，又能兼顾私权保护

鉴于自身的独立性，FIU 可以基于自己的分析和判断，选择将何种信息提供给有关部门，决定对何种信息的某些部门实行保密政策。金融情报机构的工作独立性不仅可以避免情报泄露，防止权力滥用，与此同时，也意识到了对个人隐私的保护，体现了自身又一优势。

同时，FIU 搜集的信息一般不能作为证据直接用于司法审判警察和检察机关，即使需要相同信息作为证据，也必须重新启动调查程序。基于上述原因，FIU 的工作更易于消除报告机构的顾虑和恐惧，与报送机构建立良好的工作关系，调动报送机构的反洗钱主动性[1]。为了更好地打击洗钱等犯罪活动，维护国家经济安全，保护国家利益不受侵害，国务院出台了《反洗钱工作部际联席会议制度》，将 23 个部门列为反洗钱工作部际联席会议成员单位，包括人民银行、最高人民法院、公安部、安全部、商务部、海关总署、税务总局、银监会、保监会、外汇局、解放军总参谋部等部门。在反洗钱工作部际联席会议中，中国人民银行起牵头作用，同时，反洗钱工作部级联席会议成员单位将共同制定有关反洗钱的政策方针，相互合作，彼此协调，全方位地动员社会各个部门开展反洗钱工作。不同部门在打击洗钱活动中肩负不同的职责。例如，人民银行负责组织、协调全国的反洗钱工作；资金监测；反洗钱规章制定；监督检查相关金融机构的执行情况等工作。公安部负责组织协调及指挥地方公安机构做好防范工作；可疑资金交易信息调查破案工作；核实公民身份信息制度等工作。部门之间相互配合、通力合作，共同打击洗钱等犯罪行为。

2016 年 12 月 28 日，中国人民银行发布新版《金融机构大额交易和可疑交易报告管理办法》，相关负责人表示人民银行会以金融机构报送的大额交易和可疑交易报告为基础，主动开展情报工作，对这些报告进行协查分析和国际互协查，依法向执法部门移送案件线索，与国家有关部门一起防范、打击洗钱及恐怖融资等违法行为，共同维护金融安全及国家利益[2]。在这个框架

---

〔1〕 欧阳卫民、成景阳、陈捷：《论金融情报机构》，载《金融研究》2005 年版。
〔2〕 人民银行有关负责人就《金融机构大额交易和可疑交易报告管理办法》答记者问：https：//wenku.baidu.com/view/c6500f36b207e87101f69e3143323968011cf4b4.Html。

下，如果发现反洗钱、反恐怖融资、反逃税等情况，尤其是发现恐怖主义融资，相关金融情报机构必须立即向有关国家安全的执法部门报告，或是与这些部门沟通合作共同搜集处理相关情报，执行情报工作。这个时候，金融情报机构就与金融情报制度以及金融情报与《国家情报法》发生了关系。

（二）金融情报与《国家情报法》所产生的问题

金融情报与《国家情报法》产生间接关系的同时也带来一系列问题。比如，如今，很多金融机构的人贩卖客户信息，在《中华人民共和国刑法》中为侵犯泄露个人信息罪。这个罪的处罚比较轻，因为他只是出卖个人信息。但是如果将来个人信息被《国家情报法》规定的职权部门采集，这就属于国家情报的范围之内，这些信息就是涉及国家秘密和国家安全。如果这些人再犯这类错误的话，就不能单纯地定为侵犯泄露个人信息罪，就需要定为出卖国家秘密罪或者间谍罪。也就是说，如果一些信息被国家情报机关根据《国家情报法》，按照法定流程收集以后，这些信息就进入了国家情报的范围，从而受到高度保护和重视。

在这种情况下，国家亟须出台《国家情报法》的实施细则，建立关于《国家情报法》与金融情报制度，颁布《中华人民共和国中国人民银行法》、《中华人民共和国反洗钱法》以及大额可疑交易报告管理办法的关系与细节的相关法律，更加明确在执行情报工作中的细节与面对诸如泄露个人信息定罪等问题的处理方法，从而进一步完善情报制度。

综上所述，笔者主要从金融情报制度、《国家情报法》、金融情报制度与《国家情报法》的关系三个方面，对金融情报制度与《国家情报法》的关系展开初步探究。第一，金融情报制度梳理了金融情报定义以及建立金融情报制度的必要性。第二，《国家情报法》方面介绍了立法背景和主要亮点。第三，金融情报制度与《国家情报法》的关系方面，阐释了《国家情报法》与金融情报机构的关系，深刻分析了金融情报与《国家情报法》所产生的问题。在经济发展大背景下，金融情报机构如何更好地收集金融情报、执行情报任务成为当务之急。尤其是近年来，随着我国不断与国际化接轨，对外开放程度日益加深，市场经济体制改革逐渐深入推进，金融情报的重要性凸显，尤其是在严厉打击金融犯罪行为，维护我国合法利益，维持国家金融安全等方面起到越来越重要的作用，而且做好金融情报工作还有利于进一步提高我国在国际市场上的核心竞争力。开展有关金融情报的搜集、分析和利用工作不仅是相关权力机构和国家管理部门的职责，更是我国金融企业以及投资者、融资者为增强其核心竞争力的重要任务。因此，研究金融情报制度与《国家情报法》的关系具有重要意义。虽然《国家情报法》的出台进一步规范了我国的情报工作体系，但是目前，我国的金融情报制度与《国家情报法》还没有直接密切的联系，两者通过金融情报机构间接地联系在一起，使国家多个部门相互协调、合作，共同做好国家的情报工作，这是我国在开展情报工作中的一大提升。同时，我们也要加快出台《国家情报法》的实施细则，明确一些细节问题的处理方法，推动情报工作尤其是金融情报工作的进一步完善。

第五章　国际金融制裁在清算领域的新发展

一、国际金融制裁与 SWIFT 系统

目前，国际金融制裁已经蔓延到了国际金融清算领域，此类制裁的处罚力度远超过直接罚款。由于支付清算系统是金融的神经末梢，国际金融制裁相当于断绝了金融的血脉，阻断了金融清算的渠道。因此，相比其他普通罚款和普通刑事处罚，国际金融制裁的影响更严重。

SWIFT 全称是 Society for Worldwide Inter-bank Financial Telecommunications，即环球同业银行金融电讯协会，成立于 1973 年 5 月，是国际银行同业间的国际合作组织，总部位于比利时的布鲁塞尔。SWIFT 系统为各参加国开设集线中心，运营世界级的金融电文网络，银行和其他金融机构通过它与同业交换电文来完成金融交易。

（一）管理机制

管理机制是一个法人性质的、经营性质的实体，带有一定的公益性，但是以营利性为主。它的决策者和股东来自全球 100 多个国家和地区。SWIFT 对外公共宣传说是一个私营股份公司，股东来自会员，由 25 名董事领导下的执行股东会为最高权力机构。执行部门由一组全职员工构成，由 CEO 领导，并处于董事会的监督之下，包括 6 个委员会，其中决策权由董事会授予。

简言之，SWIFT 系统是一个公司，但是实际上，该系统在金融安全领域的作用极为重要。十国集团（G10）的中央银行作出对 SWIFT 进行监督管理的特定安排，比利时的国家银行（NBB）在 SWIFT 的监督中起主导作用，G10 的中央银行起协助作用。

（二）运营现状

SWIFT 系统因其具有安全可靠、格式标准化、高性能、低费用等特点而被广泛使用。到目前为止，SWIFT 系统联结超过 200 个国家和地区的 1.1 万多家银行和证券机构、市场基础设施和公司客户，使其能够相互发送和接收有关金融交易的信息，为国际社会提供支付结算服务。

SWIFT 的全球支付创新系统（GPI）已经成为跨境支付的新标准，大大缩短了国际汇款的到账时间，只需 10 钟左右。该系统于 2017 年初启动，到 2018 年底，已占 SWIFT 跨境支付流量的 25%。

（三）国内有关部门的研究

2007—2008 年，我国相关部门多次邀请 SWIFT 中国总部负责人来国内参加专家论证会。我国相关部门也派人到 SWIFT 中国总部进行参观、评估和学习。当时的负责人员以及特约专家，主要是评估该系统有没有必要进行反洗钱信息报送。当时的结论是：第一，该系统中国部分所掌握的资料，已经包含在当时的银证保及六类金融机构报送范围之内。如果说再进行一次报送，有可能形成重复信息反复报送，加大工作量，无益于提高效率，所以，有专家认为这是多此一举。第二，对该系统实施反洗钱监测以及信息报送必须符合相关国际公法、国际公约、国际条约、国际示范法以及相关国际惯例。这些内容需要深入广泛地研究，势必耗费大量的人力和物力。因此，通过该系统搜集反洗钱、反恐怖主义融资的金融情报的建议当时未予以通过。

二、SWIFT 系统在清算领域国际金融制裁上的应用

（一）对伊朗的制裁

日前，SWIFT 系统对伊朗开展了支付清算系统的金融制裁，这可称为是国际金融制裁的升级版。国际金融制裁之前大多采取对客户直接处罚，并要求国际其他金融机构与涉案机构和个人断绝金融联系，也就是剥夺他们的金融可得性。

但是这些制裁都是针对单个机构或者个人，还没有对国家实施行之有效的统一制裁。比如，伊朗遭到美国的金融制裁以后仍然可以通过与某些特殊

的外国金融机构单线联系的方法，以及通过离岸金融中心、代理账户、代理公司的方法躲避美国的金融制裁。但是，这种方法要求很高的成本，一旦被美国发现代理公司和代理账户为受制裁的机构进行资金划拨，这些代理账户和代理公司马上会遭到金融制裁。这对于伊朗等国家和地区来说也只是提高了成本，通过变换代理公司、代理账户和代理银行的方法，以及通过离岸金融中心的匿名操作还是可以实现资金划拨，进行正常的国际资金往来。

但是此次该系统将整个国家列入制裁对象，系统中用电子合同和报文系统形成的所有交易都将被终止，即无论你采用什么代理银行、代理账户、代理公司以及离岸金融，只要是从伊朗发出的支付结算指令都将被终止，这对于伊朗简直是灭顶之灾，还会殃及池鱼，所有和伊朗开展交易的其他国家机构或者个人都将无法进行金融交易。

（二）对其他国家的制裁

美国对于俄罗斯、叙利亚以及战争状态期间的乌克兰和俄罗斯部分地区都采取过类似措施，但都是短暂的，其原因为俄罗斯属于大国，叙利亚已经处于国家崩溃的边缘，乌克兰西部是美国的势力影响范围。

历史上采用除名的方式进行制裁只有一次，即对巴基斯坦的制裁，因为巴基斯坦是世界上恐怖组织最多的地区，至少有145个恐怖组织在这里培训以及活动。美国当局无法分辨这个地区的交易是否涉及恐怖主义融资，所以采用"一刀切"的方式对这个国家进行制裁。

除名叙利亚是因为战争问题以及多个大国的介入，贸易和金融都陷入停滞状态。所以，对叙利亚实施支付清算系统的金融制裁意义并不大。

三、SWIFT 系统在清算领域国际金融制裁上所产生的问题

（一）成为窃取别国金融情报的工具

SWIFT 系统虽然成立于欧洲比利时，并且受欧洲十国央行的监管，但是美国加入该组织以后，利用其美元霸权的地位，强迫该组织在纽约建立分中心。名义上是分中心，实质上替代了总中心的作用，因为所有通过美元为结算货币的系统都要通过美国分中心来进行管理。

欧洲除以美元为结算方式的业务以外，还有以欧元或者其他小币种来结

算的方式，这种以欧元或者其他货币来结算的信息不一定会直接存入纽约的分中心。但是由于世界的主流货币都与美元挂钩，世界的主要金融机构、金融交易都是在以美元形成的货币体系之内，所以，美国想获得这部分不是由该系统直接获得的信息，通过其他方式，比如通过其金融监管的渠道获得这些交易的信息。

因此，美国的纽约中心可以监测到全球的系统金融交易一点也不为过。经济学家巴曙松教授认为美国很有可能利用该系统来搜集金融情报，而且是保密进行的，其他国家和地区很难发现。倘若如此，比利时和欧洲十国也具有这样的行为能力和免责能力。

从金融情报的国际公约来看，上述情况确实和金融情报网络有一定的重合性。因为国际金融情报网络埃格蒙特集团也是同一时间在比利时成立的，其服务器在美国，秘书处在加拿大，欧洲还有一些办事机构。另外，欧洲反洗钱专家理事会金融情报网络也是并行的机构。

2019年6月27日，巴曙松教授以及时事评论员张召忠分别发表署名文章，论述该系统如果被美国完全控制将会对中国金融系统造成灾难性的后果。而且，美国偷取的情报在国际金融制裁上起至关重要的作用。它是联系联合国安理会的金融制裁决议和美国司法体系，以及作出制裁决议等的关键环节，也就是说，无金融情报，也就无金融制裁。因此，金融情报在国际金融制裁中起核心枢纽作用。

由于美国同时控制了国际金融情报网络，埃格蒙特集团金融情报安全网络和国际支付清算网络，联合国安理会实质上也被美国所操控。中国和俄罗斯只有在少数问题上投出坚决反对票，在多数制裁决议上影响力并不大，因为我们在国际金融情报的参与度并不高。

（二）成为单边金融支付制裁的工具

SWIFT系统事实上被分为欧洲部分和美国部分，这两个部分分别由欧洲央行十国与美国政府所控制，谁都无法完全驾驭对方，并且存在分庭抗礼的态势。因此，美国实施的单边金融支付制裁已经脱离了该系统成立之初的宗旨以及该集团形成的公司治理结构，本质上就是美国利用自己的支付清算中心和美元霸权地位来控制美国纽约部分所能涉及的所有支付清算业务。在这种情况下，我们来研究该集团创始和公司治理结构，以及对外采取措施的法律手段，在美国霸权主义面前，显然是苍白无力的。

美国现在所依据的，第一是它拥有的金融支付控制权，第二是联合国安理会对于伊朗等国家的制裁决议。而根据该集团整体作出的制裁在历史上只有对巴基斯坦的制裁，对巴基斯坦制裁是因为反恐怖主义融资的要求，也是得到国际社会认可的，也是以该集团整体的名义作出的，在当时是符合国际规则的。但是现在美国多次采取单边的绕过欧洲董事会公司治理结构进行的制裁，则是基于联合国安理会的多项制裁决议。比如对朝鲜的制裁，对澳门汇业银行的制裁，对俄罗斯和乌克兰东部地区相关的金融支付制裁。这些是普通金融制裁的升级版，因为虽然联合国安理会提出了相关的制裁决议，也得到了通过，但是这个决议的执行不仅包括实体法，还包括程序法和证据法。

美国只是以联合国安理会的制裁决议为幌子，在程序法上和证据法上完全站不住脚。比如美国对于华为的制裁，它们所取得的证据都没有国际法上的效力，启动的过程是违法的，取证的地区是违法的，证据的使用也是违法的，证据的真实性更是得不到保障。也就是说，美国编出来一套东西，想怎么样就怎么样，所以，美国这种做法完全是浑水摸鱼，严重破坏了国际公约、国际示范法和联合国安理会的决议，使得联合国多项公约和联合国安理会的决议为美国指鹿为马，移花接木，成为维持自己单边霸权主义的工具。

四、契机及对策建议

（一）国际金融制裁在清算领域发展所带来的契机

随着国际金融业务的不断发展，各国都有自己的利益诉求，SWIFT 系统所具有的垄断地位不利于世界各国的发展，因为很多国家美元储备不足，也希望多使用本币进行结算，加之 SWIFT 系统实际上已被美国所控制，成为美国对与其有冲突的国家进行金融制裁的重要武器。"去美元化"在很多国家都有不小的需求，这些国家都曾考虑过打造 SWIFT 系统的替代方案。

这无疑为很多国家提供了一个契机，很多国家开始开发自己的国际支付结算系统。现今，中国、欧洲、俄罗斯都已发展了自己的结算系统，分别是中国央行组建的 CIPS 系统、俄罗斯央行打造的 SPFS 系统和英国、法国、德国联合创建的 INSTEX 系统。

（1）中国 CIPS 系统。我国现在是全球数十个国家的最大贸易伙伴，使用人民币进行跨境交易也成了迫切需求之一。CIPS 系统（Cross-border Inter-bank

Payment System），即人民币跨境支付系统由此应运而生。该系统由中国创设，为境内外金融机构人民币跨境和离岸业务提供资金清算和结算服务。

2015 年 10 月，人民币跨境支付系统（一期）成功上线运行，直接参与者有 19 家，间接参与者有 176 家，这些参与者覆盖了 6 个大洲和 50 个国家和地区。CIPS 系统（一期）上线后，其运营机构根据第一期的运营情况，进一步完善了该系统的功能，CIPS（二期）系统也顺利完成了投产。

从系统投产以来的数据可以看出，CIPS 人民币跨境清算服务主渠道作用日益显现。至 2019 年 6 月中旬，CIPS 累计处理支付业务 400 多万笔，金额达 60 余万亿元；CIPS 直接参与者规模已从上线初期的 19 家增加至 31 家；间接参与者达 800 多家，覆盖全球 90 多个国家和地区。除此之外，CIPS 为参与者提供了一点接入和集中清算，为外资银行参与人民币清算业务提供了公平机会。

（2）俄罗斯金融信息传输系统 SPFS。2014 年乌克兰危机发生后，欧盟和美国对俄罗斯实施了制裁，俄罗斯担心被排除在国际主流金融结算系统之外，于是开始建立自己的金融支付系统。

2018 年 10 月，俄罗斯央行表示其 SPFS 系统已准备好让国际合作伙伴接入，以此来减小美国制裁所带来的负面影响。同年 11 月，统计数据显示俄中央银行建立的支付系统——金融信息传输系统（SPFS）的本地用户数量已超越环球同业银行金融电讯协会（SWIFT）支付系统。

据俄罗斯央行统计，2018 年，俄罗斯的很多银行和集团，如俄罗斯联邦国库和俄罗斯石油等都已接入 SPFS 系统，本国约有 500 个用户使用此系统。欧洲大部分地区大量从俄罗斯进口天然气和石油，俄罗斯作为一个能源出口大国，其所建设的 SPFS 未来具有一定的影响力。

（3）欧洲 INSTEX 系统。欧盟也在研究制定独立于美元的支付系统，以保护欧洲企业免受美国对伊制裁的影响，这一提议由德国发起，并得到了法国和英国的支持。欧盟拟打造一个具有法律效力的"特殊目的实体"SPV，该实体将为欧洲企业与伊朗进行合法贸易提供渠道，INSTEX 系统就是由此而生。

英国、法国、德国所创建的该系统需要以欧元结算，为欧洲与伊朗的企业进行金融交易提供了一种不同于 SWIFT 系统的结算方式。该系统采用"易货交易"的机制。通过 INSTEX 系统的协调，欧盟进口商直接向欧盟出口商支付货款，无须通过伊朗金融系统进行清算，这也是其主要价值。

从该系统的交易机制来看，INSTEX 系统能够保护欧洲企业免受美国制裁的影响，但 INSTEX 系统的落地应用面临诸多问题。不仅是伊朗，其他国家对于此系统的态度并不积极，"易货交易"机制的可行性仍是一个疑问。现阶段，欧盟和伊朗之间的贸易并不平衡，较大的贸易差额将直接降低 INSTEX 系统的可行性。除此之外，欧盟进出口商的资金支付仍需要欧洲的银行参与。欧盟的银行未必愿意冒被制裁的风险提供相关服务。因此，SPV 即便组建成功，在短期内也很难达到预期效果。

到目前为止，在全球范围内，中国和俄罗斯在推动去美元化的过程中起主要作用。在石油买卖贸易中，中国和俄罗斯已实现了无美元化的交易环境，并且正在努力拓展到更多领域。

虽然中国、俄罗斯以及英国、法国、德国都建立了自己的结算系统，但 SWIFT 系统仍是国际间金融结算的主要系统。人民币在国际支付货币中排第四位，仅占全球支付总额的 3.89%。去美元化还有很长的路要走，但是中国在这个问题上比其他任何国家走得都远，中国应抓住这个契机，利用 CIPS 系统加速推进人民币的国际化。

（二）对策建议

美国是否能控制 SWIFT 集团，对中国进行金融制裁，还需要深入讨论。从机制系统上看，美国对该系统的影响力有限。从国际法效力来看，该集团相当于一个多边公约，任何缔约国没有实力采取单边制裁。从金融安全角度看，美国确实有偷窃情报的能力和动机。从替代性角度看，CIPS 系统具有一定的作用。如果各国银行间在 SWIFT 失控期间，通过双边或者另设多边协议的做法将导致低效率、高成本、满盘皆输的后果。美国承担不起。

此外，中国既是经济大国，也是金融大国。几乎所有国际大型银行、证券、保险，以及六类金融机构在中国都有分支机构。如果说美国真有实力控制该系统对中国实施金融制裁，那就说明在中国所有外资金融机构也不能使用 SWIFT，这对于全球的金融体系是灾难性的。这种情况下，美国没有必要犯众怒。在这样的国际大环境中，我国应未雨绸缪，积极采取相应对策来降低国际金融制裁风险。

（1）加快推动人民币国际化进程。美国拥有强大的金融实力，美元在国际结算中也占据核心地位，这些都是美国实施金融制裁的主要依靠。因此，预防和约束美国对我国金融制裁有赖于我国经济实力的稳步增强，尤其是人民币国际化进程的加速。

将被制裁国家排除在以美元支付的清算系统之外是美国进行金融制裁的主要手段之一。有鉴于此，我国应推动跨境结算的去美元化，以非美元结算方式参与国际贸易结算。尤其是中国已经建立了自己的人民币跨境支付系统CIPS，应继续积极推动 CIPS 系统的发展，强化治理机制建设，保证跨境人民币支付清算系统的安全性和可靠性。

中国还应该以"一带一路"建设、亚投行为契机，借助 CIPS 系统，积极引导我国金融机构与"一带一路"相关国家开展金融业务往来，加快推进人民币国际化进程。

（2）实施多元化外汇储备。我国应提高其他国家的货币在外汇储备中的比重，适当降低美元所占比重。我国外汇储备现在位居世界第一，美元资产所占比重超过 2/3，而黄金储备不足美国的 1/5。同时，由于我国资本市场开放度和人民币国际化程度相对较低，外国政府官方储备中人民币资产比例较小，可供我方利用的空间有限。现在中美关系不佳，市场的不确定性风险大大提高，我国应保持外汇储备的合理规模、优化外汇储备币种结构和资产结构、完善外汇储备管理制度等，以此来提高我国的抗风险能力，并为人民币国际化打好基础。

（3）建立健全反制裁机制并发掘利用反制裁工具。我国需加强对国际金融反制裁的研究。1996 年，美国出台古巴经济封锁的《赫尔姆斯—伯顿法》，欧盟就通过了针锋相对的反制裁条例"阻断法案"，以此来遏制美国"长臂管辖"。按此法令，如美国对别国制裁殃及欧盟企业，涉事企业无须遵守美国制裁规定。我国可参考欧盟出台针对性的反制裁措施，维护我国企业和金融机构利益。

我国还要善于发掘利用反制裁工具，做好反制准备。我们不仅可以从外交、贸易、法律等方面采取反制措施，美国在我国的金融资产、我国的外汇储备和对美债权都是我国可以运用的金融反制工具。中国是美国国债最大的海外持有国，截至 2025 年 2 月，我国持有美国国债 7590 亿美元，我国应充分利用这一庞大的对美债权，但要注意避免这些债务反而成为美国对我国金融制裁手段，加强我国的金融反制裁能力。

同时，我国中资金融机构和对外投资企业还需要提高风险防范意识，应指导这些机构和企业严格遵守相关法规，注意避开被列入制裁名单的机构人员，避免因美国对第三方的制裁而受到连带影响。

（4）实施多元化发展战略。金融制裁同其他制裁一样，都是关于两国经济实力及相对损益的较量。美国如果认为对我国进行金融制裁将会使其承受较大的损失，它们对我国实施制裁的可能性就较小。从实际情况来看也确实如此，美国一般对较小且封闭的国家实施制裁，如朝鲜和伊朗。对于开放程度较大的国家则是小范围的局部制裁。

我国应实施多元化发展战略。一是应该进一步增加对美国的贸易和投资往来，发展互相联系、互相制约的合作伙伴关系。二是应该进一步开发国际市场，与更多国家进行贸易往来，也要以"一带一路"建设为契机，提高我国货币及金融实力在全球的影响力，增强综合国力，提高抗风险能力以更好地应对复杂的国际环境。

在中美贸易战背景下，美国在贸易、投资领域针对中国企业的限制措施频频出台，不排除贸易战扩展到金融领域的可能性。在短期内，我国应更加注重对金融制裁和反制裁机制的建设；提高中国金融机构和贸易公司的风险防范意识，增强对美国金融制裁的关注程度并采取相应措施避免受到连带影响。长期来看，我国可以大力发展 CIPS 系统来推进人民币的国际化，这在一定程度上可削弱因美国金融制裁而造成的影响，但这需要以我国经济金融实力和全球影响力作为支撑，还需要长期持续的努力。

第六章　美国金融制裁"三叉戟"

一、阿尔斯通案件概况

2014 年 4 月 24 日，彭博社宣布法国阿尔斯通公司准备出售其 70% 的业务，将所有能源业务以约 130 亿美元的价格出售给其主要竞争对手——美国通用电气公司，这次史上最大规模的收购是美国通过非经济手段瓦解他国商业巨头的典型案例。[1]

阿尔斯通（Alstom）成立于 1928 年，经营项目涵盖电力、机电、高速铁路，在能源领域领先世界。水电设备居世界第一，核电站常规岛居世界第一，环境控制系统排名世界第一，超高速列车和高速列车排名世界第一，在城市交通市场、区域列车、基础设施设备以及所有相关服务领域，该公司排名世界第二。当时，阿尔斯通是法国本土的一个高度战略型企业，负责法国境内 58 座核反应堆的所有汽轮发电机的制造、维护和更新工作，负责法国 75% 的电力生产设备，并且拥有全球先进核心技术。同时，阿尔斯通还为法国的"戴高乐"号航空母舰提供推进汽轮机，因此，阿尔斯通公司还被誉为法国的"国之重器"。

阿尔斯通案件中，美国司法部首先启动了针对阿尔斯通的反腐败调查，要求阿尔斯通予以配合调查，逼迫阿尔斯通同意自证其罪，披露其所有贿赂行动，支付巨额罚款。为了取得指控阿尔斯通的证据，美国司法部运用了多种手段。比如，聘用一位"督察"连续 3 年向美国司法部做汇报，安插"卧底"在公司核心部门，用录音笔获取情报为美国联邦调查局所用。收到美国的调查通知后，阿尔斯通首席执行官柏珂龙表面上承诺与美国司法部合作，现实操作中却行动怠慢、避重就轻，态度模棱两可。但美国司法部改变了策略，2013 年 4 月 14 日，在美国纽约肯尼迪国际机场，阿尔斯通公司国际销售

---

〔1〕　张通：《法律的名义：通用电气收购阿尔斯通案始末》，载《中国工业和信息化》2019 年第 7 期。

副总裁皮耶鲁齐被美国联邦调查局探员逮捕。这位阿尔斯通前高管被美国起诉的理由是——2003 年，在印度尼西亚苏门答腊岛的塔拉罕发电站项目中，皮耶鲁齐及其他阿尔斯通的管理人员经由"中间人"向政府官员行贿。虽然贿赂之举是不应该的，但在当时，利用中间人来获取国际市场项目是一个被容许的惯例。每一年，法国企业的高管都会到位于贝尔西的财政部，提交一份公司的"特别费用"清单。为了能在国际招标中中标，最常见的方式就是经由中间人行贿。阿尔斯通并非个例，许多大型跨国公司都使用过类似方法。

　　根据皮耶鲁齐出狱后出版的《美国陷阱》可知，在罗德岛一间关押暴力罪犯的监狱里待了 3 个月之后，皮耶鲁齐参加了一场认罪听证会，面临两难的选择。一种选择是不认罪并接受审判，可能会判处他 15—19 年有期徒刑，此外，审判的准备工作将历时 3 年，并耗费数百万美元；另一种选择是认罪，与美国当局合作，只需再关几个月。皮耶鲁齐当时只承认了贿赂印度尼西亚官员的指控，美国司法部提供的邮件显示皮耶鲁齐即便没有怂恿行贿，也是知情者，承认这部分罪名只会让他被处以最多 6 个月监禁。尽管如此，他还是被继续关押了 1 年；再之后从 2014 年 6 月到 2017 年 10 月，又经历了 3 年多的保释期；然后又在监狱待了 1 年。皮耶鲁齐在《美国陷阱》一书中声称自己沦为"经济人质"，美国司法部确实将皮耶鲁齐入狱与阿尔斯通不配合调查的行为联系起来，美国的调查影响了阿尔斯通出售资产的程序，使潜在的美国买家受益。法国议会多次就阿尔斯通与通用电气进行交易的情况展开讨论。作为一家为法国核电站和潜艇提供涡轮机的公司，阿尔斯通被外国收购，这对法国政府的压力异常之大。为了给阿尔斯通公司继续施压，迫使该公司与美国司法部合作，美国当局又逮捕了 3 名皮耶鲁齐的前同事。同年 4 月 23 日，阿尔斯通的第四名高管——公司的亚洲区副总裁劳伦斯·霍金斯在美属维尔京群岛被捕，他被指控在塔拉罕发电站项目中行贿并掩盖雇用中间人的行为。2014 年 4 月 24 日收购交易达成的新闻公布。美国司法部官员科尔宣布："阿尔斯通承认，2000—2011 年，它以贿赂政府官员、伪造会计账簿的方式，获得了世界各地的工业项目。阿尔斯通违反了美国《反海外腐败法》的规定，为了结束这一系列诉讼，该公司承认了犯罪行为，并同意支付 7.72 亿美元的罚款。这是美国有史以来对一起腐败案件所处的最大数额的罚款。"皮耶鲁齐认罪后不久，阿尔斯通就首次尝试与通用电气进行交易。在达成交易的可能性出现之后，对阿尔斯通高管的逮捕行动停止。2 个月后，就在阿尔斯通高层签字将公司资产出售给通用电气的同一周，皮耶鲁齐的保释申请终于得到批准。

二、美国金融制裁的"三叉戟"

关于阿尔斯通收购案件，美国司法部可以随意逮捕、关押、起诉、判决以及惩治一个外国公民，最终成功收购法国能源巨头阿尔斯通的背后支撑是美国金融制裁的法律"三叉戟"，即《反海外腐败法》《美国爱国者法案》《反洗钱法》。

（一）《反海外腐败法》

《美国陷阱》写道："《反海外腐败法》赋予美国司法部一种权力：任何人，不论国籍，自他涉嫌向外国公职人员行贿那一刻起，只要该罪行和美国国土有一丝一缕的联系，美国司法部即可对其逮捕。"

中国现代国际关系研究院欧洲所法国研究室主任慕阳子指出，《反海外腐败法》通过于1977年，规定禁止美国企业针对一切国外企业、政府、政党的贿赂行为。1998年，美国国会修改了该法，使其拥有域外效力，同样适用于外国企业。只要一家企业用美元计价签订合作，支付发生在美国领土，或仅仅通过设在美国的服务器发送、存储邮件，这些都被视为"国际贸易工具"，美国就认为自己有权提起诉讼。在本案中，阿尔斯通正是使用设在美国的银行账户，以"咨询费用"的名义将贿款打入印度尼西亚官员的账户而引起美国顺藤摸瓜的调查。

1977—2014年，外国企业收到的"罚单"占总额的67%中尤以欧洲企业"贡献"最高。2008年以来，最终支付罚金超过1亿美元的公司共有26家，欧洲企业占14家，其中法国企业占5家，道达尔、阿尔卡特、法兴银行、阿尔斯通等大型法企均"上榜"。该法律操作上往往存在"美国例外"。据皮耶鲁齐的调查，在试用该法的近40年里，美国司法部从未在本国的石油巨头或国防业巨头的海外交易中进行严厉制裁。事实上，美国司法长期受控于美国强大的跨国公司，往往在本国大型企业在他国被起诉后才对其提起诉讼，随后收回调查权，"关起门来"处理，态度上也要宽大很多（见表6-1）。

中国现代国际关系研究院美国所副研究员王锦认为，一直以来，美国通过军事霸权、经济霸权、文化霸权来影响和支配世界。但美式霸权也在随着形势的变化而变化。

表 6-1　外国企业支付罚金数额

国家	企业	罚款金额
德国	西门子	8 亿美元
德国	戴姆勒	1.85 亿美元
法国	道达尔	3.98 亿美元
法国	德希尼布	3.38 亿美元
法国	阿尔卡特	1.38 亿美元
法国	兴业银行	2.93 亿美元
意大利	斯纳姆普罗盖蒂	3.65 亿美元
瑞士	泛亚班拿	2.37 亿美元
英国	航空航天系统公司	4 亿美元
日本	松下	2.8 亿美元
日本	日挥株式会社	2.88 亿美元

数据来源：弗雷德里克·皮耶鲁齐和马修·阿伦著《美国陷阱》。

（二）《美国爱国者法案》

2001 年，在"9·11"恐怖主义袭击之后，乔治·布什总统于 2001 年 10 月 26 日签署了《通过提供拦截和阻止恐怖主义所需的适当工具以团结和强化美国法案》（因其英文首字母缩写为"美国爱国者"一词，该法案也被简称为《美国爱国者法案》（USAPATRIOTAct）），极大地修订了《银行保密法》。《美国爱国者法案》由十个章节组成。其中第三章"2001 年国际反洗钱和反恐怖主义融资法案"对《银行保密法》下的反洗钱的相关规定作出了重大修订，包括要求金融机构从政策、程序和风控措施方面制定反洗钱方案，指定合规官员，对内部人员进行培训，对反洗钱方案进行独立测试，并基于风险对客户活动和信息进行持续的监测和更新[1]。

在诸多条款中，该法案第 352 条是最重要的条款之一。它要求金融机构制定反洗钱方案，其中包括四个方面：（1）制定书面的内部政策、程序和控制措施；（2）任命反洗钱合规官员；（3）实施对承担反洗钱职责的员工持续培训的计划；（4）对反洗钱方案进行独立测试。[2]

---

〔1〕　Uniting and Strengthening Americaby Providing Appropriate Tools Required to Intercept and Obstruct Terrorism Act of 2001（"USAPATRIOTAct"），availableat. https：//www.gpo. gov/fdsys/pkg/PLAW－107 publ56/pdf/PLAW－107publ56. pdf.

〔2〕　*Id.*，§352.

《美国爱国者法案》中所指的金融机构包括存储机构（例如，零售银行、商业银行、私人银行、信用合作社、储蓄所和储蓄机构），金融服务商（Money Service Business，MSB）（例如，汇票或旅行支票的发行人或卖家、支票兑换商、预付费服务提供商或卖家、货币兑换商），大宗商品、共同基金、保险公司等领域的经纪商、期货商（Futures Commission Merchant，FCM）以及介绍经纪商（Introducing Brokers，IBs）等。

另外，作为反洗钱系统的一部分，《美国爱国者法案》加强了传统的 KYC 流程，使之更严格。例如，该法案要求银行实施 CIP 计划并向联邦执法机构和财政部提交可疑活动报告（Suspicious Activity Report，SAR），其中可疑活动包括：（1）任何交易总额在 5000 美元或以上、涉嫌洗钱、恐怖融资活动或规避《银行保密法》的交易；（2）任何交易总额在 5000 美元或以上、犯罪嫌疑人已被识别的交易；（3）金融机构内部的任何可疑内幕交易（无金额限制）；（4）任何潜在犯罪交易金额为 25000 美元或以上的交易，无论是否已发现潜在犯罪嫌疑人。[1] 根据此规定，以上涉嫌违法交易发生后，金融机构必须提交可疑活动报告，并提供有关交易嫌疑人的信息、可疑活动的类型、涉及的美元金额、任何对金融机构造成的损失，以及有关报告金融机构的信息。因此，尽管《美国爱国者法案》并未直接规定客户尽职调查的相关要求，但其要求金融机构提交可疑活动报告的效果是要求金融机构进行客户尽职调查。

（三）《反洗钱法》

《反洗钱法》主要是指《银行保护法》，美国关于反洗钱的主要立法是 1970 年《银行保密法》（Bank Secrecy Act，BSA）（也称为货币和对外交易报告法）。[2] 该法案是美国惩治金融犯罪法律体系的核心立法，后续一系列法案的出台，包括文中介绍的《美国爱国者法案》，都是为了补充、修订《银行保密法》，以弥补其漏洞、增强其实施力度。《银行保密法》的立法目的是遏制使用秘密的外国银行账户，并通过要求受监管机构提交报告和保存记录的方式来识别进出美国或存入金融机构的货币和金融工具的来源、数量及流通，从而为执法部门提供审计线索。[3] 《银行保密法》共包含二十章，主要内容

---

〔1〕 12CFR163. 180（3）.

〔2〕 见 31U. S. C. §5311 – 5326; 5328 – 5332.

〔3〕 见 31U. S. C. §5311.

是规定金融机构有义务向 FinCEN 提交各种类型的记录和报告，包括涉及货币交易、外汇、金融工具的汇入汇出等相关报告。[1] 该法案还赋予财政部要求特定的美国国内或国外的金融机构满足特定的报告要求的权力，如报告某账户的实际权益受益人等。同时，该法案明确禁止以逃避报告义务为目的对交易结构的调整。违反《银行保密法》的后果非常严重。FinCEN 对违法者可向法院申请禁令、提起民事或刑事诉讼，实施包括罚款、罚金、监禁等民事、刑事处罚。

三、美国实施金融制裁的原因

美国实施金融制裁基于三个原因。第一，美国海外法的"长臂管辖"。第二，行贿过程使用美元，转账过程使用美国的 SWIFT 系统。第三，交易的腐败行为、恐怖主义融资及洗钱活动中，运用的服务器在美国。

第一，美国"长臂管辖"是美国民事诉讼体系中的概念，其试图解决的核心问题是如何对非居民行使管辖权。

其中，主张对非居民的管辖权就意味着要与他者所主张的管辖权发生冲突，因为"此地"的非居民通常是"彼地"的居民，将受到"彼地"法院的管辖。这一说法不是无缘无故出现在美国：与中国这样的单一制国家相比，管辖权冲突作为一个普遍问题在美国出现得更早，也更加突出。原因在于，美国是一个"合众国"，联邦下属各州都有独立的立法权，各州的法律差异较大。这意味着美国国内实际上一直存在十几个甚至数十个不同的管辖权。对于国内的潜在管辖权冲突，美国最高法院的最初态度非常"正统"。1877 年，其规定法院只能对定居在法院地或者法院所在州能送达传票的被告人行使管辖权。这是一种强调属地管辖的管辖权规定。但是随着跨州和跨国经济活动的不断增加，这种解释不再符合美国企业和公民的现实需求，特别是不利于作为原告的美国公民在跨地域民事活动中维护自身的主张。因此，以 1945 年国际鞋业公司诉华盛顿州案为契机，美国联邦和各州开始主张对非居民的管辖权，这也被认为是"长臂管辖"的诞生。

现实中，中国公民和企业遭遇的美国"长臂管辖"实践主要分为两类，第一类是得到国会授权、主要行政部门执行的行政管辖，包括基于《出口管

---

〔1〕　见 31 U. S. C. § 5312 – 5316.

理法》的美国商务部的《出口管理条例》和美国财政部的《经济制裁条例》，以及针对外国不正当竞争的《美国贸易法》中的"301 条款"和针对知识产权侵权的《1988 年综合贸易与竞争法》中的"特殊 301 条款"。在实行这些管制措施的过程中，美国的行政部门——归根结底是美国总统个人——具有高度的自由裁量权，而"被管理者"则没有为自己辩护的渠道。第二类主要是由司法体系主导的司法管辖，如针对证券业欺诈的《多德—弗兰克华尔街改革与消费者保护法》，针对洗钱的《美国爱国者法案》，针对商业行贿的《反海外腐败法》，以及不特定的允许总统在面临重大威胁时没收外国在美资产的《国际紧急状态经济权力法案》，以及各州得到适用长臂法案授权的其他法律。司法管辖会按照美国的普通法程序进行诉讼，被告抗辩的权利至少在形式上能够得到保障。这两类"长臂管辖"的区别在中兴事件和孟晚舟事件中表现得特别明显：前者触及的是《出口管理条例》以及之前与美国商务部达成的和解协议，因而遭遇的是包括出口权拒绝在内的行政处罚，并未走司法程序；而美国扣押孟晚舟使用的理由则是违反出口管制过程中的"银行欺诈"行为，因此一直在走美国和加拿大的司法程序。

一目了然的是，包括"301 条款调查"在内的各种措施具有相当随意性和独断性，缺少公平合理的程序，根本就不是司法意义上的涉外管辖行为，而是一种基于美国总体经济、金融实力的行政甚至外交行为。相对而言，由美国司法部门主导的"长臂管辖"，虽然仍然具有政治意义上的选择性，同时经常以最宽泛的方式解释"最低接触原则"，但至少在形式上保障了被管辖者的法律权利。因此，是否将这两种行为统称为"长臂管辖"，理应存有疑问。

第二，行贿过程使用美元，转账过程使用美国的 SWIFT 系统。

当前，美元依然是国际跨行结算的主要通行货币，也是占据绝对支配地位的国际储备货币，这也是美国能够控制 SWIFT 支付系统的重要货币基础。美国对 SWIFT 支付系统的控制，是与美元在全球货币体系中的超级地位密切相关的。第二次世界大战后的布雷顿森林体系将由黄金支撑的货币——美元确立为国际贸易融资的基准货币，从 1971 年开始，美元就从一种由黄金支撑的货币转变为一种美国发行的全球性储备货币工具，由此形成"美元是我们的货币，却是你们的问题"的格局。SWIFT 系统的支付结算也是以美元作为基础币种运行的。从具体的系统运行看，美国的 CHIPS 是 SWIFT 的重要组成部分，是美国能够控制 SWIFT 支付系统的重要条件。CHIPS（Clearing House Inter-bank Payments System，美元大额清算系统）由 21 家美国银行持股的清算所支付公司（The Clearing House Payments Company, L. L. C.）运营，CHIPS
通过与 SWIFT 系统连接，日处理交易 28.5 万笔，金额 1.5 万亿美元，平均每
笔金额 500 万美元。47 家直接会员来自 19 个国家，包括中国银行等银行，全
球大量的美元跨国支付由该系统完成。

从国际经济政治事件看，美国"9·11"恐怖事件引发的反恐为美国控制
SWIFT 系统数据提供了理由和契机。美国"9·11"恐怖事件后，为了打击全
球性恐怖主义，美国通过相关法案，要求 SWIFT 共享数据。根据相关法律，
美国使用 SWIFT 数据来了解和控制恐怖组织的资金往来。这些做法对恐怖组
织资金确实起到了监控作用，也增强了美国对 SWIFT 系统的控制力，也使得
SWIFT 成为美国对与其有冲突的国家进行经济制裁的重要武器。

当然，美国控制 SWIFT 系统也成就了该系统在国际银行间跨行结算网络
上的垄断地位。SWIFT 已遍布全球 206 个国家和地区，连接 8000 多家金融机
构，支持 80 多个国家和地区进行实时支付清算。同时，SWIFT 的电文标准格
式，已经成为国际银行间数据交换的标准语言。

第三，交易的腐败行为、恐怖主义融资及洗钱活动中，运用的根服务器
在美国。根服务器主要用来管理互联网的主目录，是全世界网络中的基础服
务器，它的前身是美国国家军用网络，20 世纪，美国将这个网络转作民用。
根域名服务器是架构互联网所必需的基础设施。在国外，许多计算机科学家
将根域名服务器称作"真理"（TRUTH），足见其重要性。换句话说，攻击整
个互联网最有力、最直接，也是最致命的方法恐怕就是攻击根域名服务器。
全世界只有 13 台。1 个为主根服务器，放置在美国，其余 12 个均为辅根服务
器，其中 9 个放置在美国，欧洲 2 个放置在英国和瑞典，亚洲 1 个放置在日
本。所有根服务器均由美国政府授权的互联网域名与号码分配机构 ICANN 统
一管理，负责全球互联网域名根服务器、域名体系和 IP 地址等的管理。这 13
台根服务器可以指挥 Firefox 或互联网 Explorer 这样的 Web 浏览器和电子邮件
程序控制互联网通信。由于根服务器中有经美国政府批准的 260 个左右的互
联网后缀（如.com、.net 等）和一些国家的指定符（如法国的.fr、挪威的
.no等），美国政府对其管理拥有很大发言权。[1]

世界对美国互联网的依赖性非常大，当然，这也主要是由其技术的先进
性和管理的科学性所决定的。域名系统是互联网的基础服务，而根服务器更

---

〔1〕 刘建伟：《美国金融制裁运作机制及其启示》，载《国际展望》2015 年第 7 期。

是整个域名系统的基础。美国控制了域名解析的根服务器，也就控制了相应的所有域名和 IP 地址，这对其他国家来说显然存在致命的危险。如果哪一天美国屏蔽某国家的域名，那么它们的 IP 地址将无法解析出来，这些域名所指向的网站就会从互联网中消失。如果".cn"从域名系统中删除，甚至将分配给中国境内使用 IP 地址取消的话，中国将成为国际主干网的看客。因此，美国金融制裁得以实施，其中一个重要原因则是根服务器位于美国，恐怖主义融资和反洗钱活动中的很多信息交流都可以受到美国影响。

四、中国应对美国金融制裁之策

面对美国金融制裁中的"长臂管辖"，中国应该积极应对，制定良策。首先，加强人民币的结算。其次，筑牢中国人民币结算系统完善自己的根服务器。最后，加强国际合作，加入反腐败公约，等等。

加强人民币的结算方面，银行业金融机构应该不断加强人民币支付结算业务管理，创新支付结算业务模式，建立健全风险防范机制，为社会公众提供高效、便捷、安全的支付结算服务，满足社会公众日益增长的支付需求，严格按照现行的法规制度办理人民币支付结算业务和履行反洗钱义务，不为不法分子逃税骗税、贪污受贿、洗钱等违法犯罪活动转移资金提供便利。

（一）严格按照法规制度办理人民币银行结算账户开立业务

银行应严格按照《中华人民共和国反洗钱法》《个人存款账户实名制规定》《人民币银行结算账户管理办法》[1]《金融机构客户身份识别和客户身份资料及交易记录保存管理办法》《中国人民银行关于进一步加强金融机构反洗钱工作的通知》等法规制度，勤勉尽责，遵循"了解你的客户"原则，履行客户身份识别义务，落实银行账户实名制。

1. 切实落实个人银行账户实名制

存款人申请开立个人银行结算账户的，银行应严格核对存款人身份证明文件的姓名、身份证件号码及照片，防止存款人以虚假身份证件或者借用、冒用他人身份证件开立个人银行结算账户。对于存款人出示居民身份证的，应按照规定通过联网核查公民身份信息系统进行核查。

---

〔1〕 中国人民银行官网 http：//www.pbc.gov.cn/tiaofasi/144941/3581332/3586831/index.Html。

对于代理开立个人银行结算账户的，银行应严格审核代理人的身份证件，联系被代理人进行核实，并留存电话记录等联系资料。如被代理人先前在本行办理过业务的，银行可以使用已留存的被代理人的联系方式。

对于同一自然人在一家银行开立个人银行结算账户累计 10 户以上的，银行应将相关账户作为重点监测对象，对于有合理理由怀疑账户的支付交易涉及违法犯罪活动的，应将其作为可疑交易按规定报告中国反洗钱监测分析中心，明显涉嫌犯罪活动的，应同时向中国人民银行当地分支机构报告。

2. 加强单位银行结算账户开立管理

对于法定代表人或者单位负责人授权他人办理单位银行结算账户开立业务的，被授权人应是授权单位工作人员，银行应采取审核被授权人工作证件等措施予以核实。

对于同一自然人作为具体经办人员办理两个以上单位的银行结算账户开立业务的，或者同一自然人为两个以上单位的法定代表人或者单位负责人的，或者两个以上单位银行结算账户信息中的联系电话、地址等相同的，银行除审核存款人提供的开户证明文件外，还应采取回访、实地查访以及向公安、工商行政管理部门核实等一项或多项措施进一步核实存款人身份，并重点关注相关账户的支付交易情况。银行经甄别后，对于有合理理由怀疑支付交易涉及违法犯罪活动的，应将其作为可疑交易按规定报告中国反洗钱监测分析中心。

（二）严格按照法规制度办理人民币银行结算账户业务

银行应按照《中华人民共和国反洗钱法》《人民币银行结算账户管理办法》《金融机构大额交易和可疑交易报告管理办法》《中国人民银行关于改进个人支付结算服务的通知》《中国人民银行关于明确可疑交易报告制度有关执行问题的通知》等法律法规制度，加强汇兑等业务管理，大额和可疑交易按规定报告中国反洗钱监测分析中心，明显涉嫌犯罪活动的，应同时向中国人民银行当地分支机构报告。

对于单位银行结算账户向个人银行结算账户单笔超过 5 万元的，存款人若在付款用途栏或备注栏注明事由，可不再另行出具付款依据。

银行应根据存款人注册资金多少，结合企业正常经营需求，分别核定存款人单位银行结算账户网上银行限额。

（三）严格按照法规制度办理人民币支取业务

银行应严格按照《中华人民共和国反洗钱法》《金融机构客户身份识别和客户身份资料及交易记录保存管理办法》《金融机构大额交易和可疑交易报告管理办法》等法律法规制度，加强支取管理。

为个人存款人办理人民币单笔 5 万元以上支取业务的，银行应核对存款人的有效身份证件。对于他人代理办理的，银行应严格审核存款人及代理人的身份证件，并留存存款人及代理人的身份证件复印件或者影印件。

对于单笔或者当日累计人民币交易 20 万元以上的支取、票据解付及其他形式的支取，银行应按规定向中国反洗钱监测分析中心报告。

有合理理由认为支取与洗钱、恐怖主义活动及其他违法犯罪活动有关的，银行应按规定报告中国反洗钱监测分析中心，同时向中国人民银行当地分支机构报告。

存款人通过自动柜员机（ATM）支取，每卡每日累计不得超过人民币 2 万元。

（四）加大支付结算业务监督管理力度

为严肃支付结算纪律，提高支付服务水平，中国人民银行分支机构和银行应对人民币银行结算账户开立、支取等业务进行检查。

第一，银行自查。各银行应按照银行结算账户管理、反洗钱及本通知规定，组织开展全行自查工作，对本行所有营业网点的人民币银行结算账户开立及支取业务进行全面检查。各银行应制定检查方案，对本行分支机构检查工作予以督导，对于检查发现的问题，应立即进行整改，及时制定或修订有关政策制度。

第二，中国人民银行检查。中国人民银行分支机构应依据《中国人民银行关于开展银行业金融机构支付结算执法检查的通知》的规定，对人民币银行结算账户开立业务进行重点检查。

第三，中国人民币结算系统 TIPS，也有自己的根服务器。2019 年 6 月 24 日，工信部表示[1]，同意中国互联网络信息中心设立域名根服务器（F、I、

---

〔1〕 工信部官网 http：//www.miit.gov.cn/n1146300/n7121908/n7121942/c7309268/content.html，最后访问时间：2020 年 1 月 18 日。

K、L根镜像服务器）及域名根服务器运行机构，负责运行、维护和管理编号分别为JX0001F、JX0002F、JX0003I、JX0004K、JX0005L、JX0006L的域名根服务器。同时，工信部要求中国互联网络信息中心严格遵守《互联网域名管理办法》《通信网络安全防护管理办法》及相关法律法规、行政规章及行业管理规定，接受工信部的管理和监督检查，建立符合工信部要求的信息管理系统并与工信部指定的管理系统对接，保证域名根服务器安全、可靠运行。该中心应配置必要的网络资源以及网络和通信应急设备，制定切实有效的网络通信保障和网络与信息安全应急预案，设立、配备专职网络与信息安全管理机构和人员，建立健全网络与信息安全制度和保障措施，建立相应的业务与安全管理系统，建设监测预警、应急处置、数据备份等必要的技术手段，定期报送信息，服从工信部的统一指挥与协调，配合开展相关测试和演练，遵守相应的管理要求，为用户提供安全、方便的域名服务，保障服务质量，保护用户个人信息安全，维护国家利益和用户权益。

第四，加强国际合作，加入反腐败公约等。在国际反腐方面，在G20集团的大力推动下，中国和绝大多数G20集团成员已陆续加入《联合国反腐败公约》。《联合国反腐败公约》于2003年通过，2005年生效，目前，已有140个国家签署。该公约是联合国历史上第一个用于指导国际反腐败合作的法律文件，G20集团成员的广泛参与，为国际社会预防犯罪、追缴腐败资产、提高反腐成效起到了重要推动作用。

（1）加入多个国际反腐合作条约。2005年，中国加入《联合国反腐败公约》，积极参与反腐败国际合作机制，并与有关国际组织和国家建立执法合作、司法协助、人员遣返、涉案资金返还等机制，国（境）外缉捕追逃、防逃、涉案资产返还等工作也都取得了很大进展。对反腐败国际合作，中国政府会同一些国家制定了有关国际合作条约，为反腐败国际合作有章可循、规范合作和增强实效作出了积极努力。这也在一定程度上提升了中国政府打击和控制跨国腐败犯罪的能力。国际合作条约除《联合国反腐败公约》外，还包括《引渡条约》、《刑事司法协助条约》和《移管被判刑人条约》等。

（2）国家间反腐机构合作。目前，中央纪委和国家监委已与100多个国家和地区的反腐败机构开展友好交往，同30多个国家和地区、国际组织签署了40余份合作文件，初步构建起覆盖各大洲和重点国家的反腐败司法执法合作网络。今年以来，针对贪官外逃的问题，中央纪委以及相关部门采取种种措施予以加强。2025年1月召开的二十届中央纪委四次全会上，对反腐败斗争提出了明确要求：一是坚持和加强党中央集中统一领导，充分发挥中央反腐败协调小组在追逃追赃、跨境腐败治理工作中的协调机制作用；二是加强"一带一路"廉洁建设，起草反跨境腐败法，加快形成系统完备的反腐败涉外法律法规体系；三是健全追逃防逃追赃机制，部署开展"天网2025"行动，深化金融、国企、工程建设等领域追逃追赃工作；四是深化反腐败多双边合作，深化反腐败领域高层交往，加快推进双边交流机制化建设，不断拓展反腐败国际合作"朋友圈"。

第七章 金融安全保卫生物安全

生物安全与国家的核心利益紧密相关，是国家安全的重要组成部分。2020 年 2 月 14 日，中央召开全面深化改革委员会第十二次会议，习近平总书记针对健全国家公共卫生应急管理体系发表了重要讲话，要求：人民群众生命安全和身体健康，是我们党治国理政的一项重大任务。既要立足当前，更要放眼长远，总结经验、吸取教训，针对这次暴露出来的短板和不足，抓紧补短板、堵漏洞、强弱项，该坚持的坚持，该完善的完善，该建立的建立，该落实的落实，完善重大防控体制机制，健全国家公共卫生应急管理体系。

金融体系在防治中起到了资金输血作用，保证了物资充分供应和国际援助以贸易的高速运行。从逆金融的角度看，反扩散融资与反洗钱和反恐怖融资共同构成国际金融安全的核心，生化武器扩散融资是逆洗钱的一种新型的非传统型安全问题，无论病毒或其他生化武器是自然产生的（比如肺鼠疫、天花）或是人工研发的（比如芥子气、沙林气），都是反扩散的重点，因此，金融安全对维护生化安全有重要意义。

一、生物安全

生物安全一般指国家有效应对生物因子及相关风险因素影响、威胁和危害，维护和保障国家社会、经济、公共健康与生态环境等安全及利益的状态和能力。简单来说，就是与生物有关的危害和风险，以及预防的应对措施。

把生物安全纳入国家安全体系，尽快推动出台"生物安全法"。"生物安全法"立法提速，标志着我国将生物安全的重要性提到了前所未有的新高度。

二、生物安全与金融安全

（一）两个安全直接相关

正规金融体系为生物安全提供资金输血支持；打击与生化武器有关的黑色金融则保护了世界各国免受生化武器的伤害，典型案例有日本东京和英国伦敦发生的恐怖分子和宗教极端分子使用沙林毒气发动恐怖袭击；追踪犯罪分子资金链条可以"由钱及人"发现犯罪分子，冻结扣押犯罪资金可以"饿死"犯罪分子；制裁提供逆金融服务的机构和个人可以有效震慑犯罪分子，净化金融体系，斩断犯罪融资的资金链条；金融制裁贩卖扩散生化武器的犯罪分子就对其造成了釜底抽薪的打击。影响国际政治的案例有长期在安理会讨论中的对叙利亚交战方进行反扩散金融制裁的博弈。

两者关系主要体现在反扩散融资领域。扩散融资是指为转移、出口核生化武器及其运载工具和相关材料提供金融服务，主要是为扩散敏感物品的交易提供融资，也包括为涉及扩散的个人或实体提供其他金融支持。FATF 在其犯罪类型研究报告中对扩散给出的定义是"扩散是指转移、出口核生化武器及其运载工具和相关材料，包括技术、物品、软件、服务或专业知识"。

根据联合国安理会第 1540（2004）号决议，运载工具是指专门设计的能够运载核生化武器的导弹、火箭和其他无人驾驶系统；相关材料是指有关多边协议和安排涵盖的或国家管制清单载列的可用于设计、开发、生产或使用核生化武器及其运载工具的材料、设备和技术。大规模杀伤性武器的扩散有多种形式，但主要表现为转移和出口可用于核生化武器相关项目及其运载工具的技术、物品、软件、服务或专业知识。

反扩散融资与反洗钱、反恐怖融资并列的概念，是金融安全的重要组成部分，适用反洗钱的工作机制和金融情报制度。反扩散融资是指制裁为非法的大规模杀伤性武器及其运载工具及相关材料方面提供金融服务的行为和主体。

无论有没有证据证明病毒的源头，都不影响病毒及其变体成为生物武器的工具或载体。肺鼠疫、天花等瘟疫并非人为研制，但是在历史上多次被用作生化武器。

"大规模杀伤性武器"是指拥有超出常规武器的杀伤力、能造成大量人员伤亡的特殊武器，早年特指核武器，随后又扩展到生化武器。比如联合国安理会对于伊朗和朝鲜进行的金融制裁属于反核武扩散，对于叙利亚和伊拉克的金融制裁属于反化武扩散。中国在叙利亚问题上投了反对票。

核武器的概念比较明确，《不扩散核武器条约》有明确规定，毕竟核武器的种类限于原子弹和氢弹，中子弹还没有成功。

但是生化武器的概念则十分宽泛，历史上关于黑死病与十字军东征、蒙古帝国瘟疫侵袭欧洲、北匈奴用军马向大汉投放瘟疫害死霍去病，在历史上都是有记载的。用现代医学的标准，最早在军事上明确使用生化武器的是英国殖民部队对北美印第安人投放的天花病毒，后来才有了现在的美国。在第一次世界大战中被广泛使用的芥子气和后来的沙林毒气都是生化武器。臭名昭著的日本 731 部队更是滋生了很多甲级战犯，但是后来有些生化专家被美国病毒研究所保护起来并加入美国国籍、为美国继续工作。病毒武器、基因武器等层出不穷。备受关注的是孟山都的系列产品，被国际上很多专家认为是针对亚洲人的基因武器。生化武器的名单一直在不断更新中。

（二）将反扩散融资纳入反洗钱框架

扩散融资属于逆洗钱黑色金融的最新变体，反扩散融资重要的举措就是通过金融情报工作，借助反洗钱工作机制，冻结或罚没与研究、买卖、传播生化武器有关的技术、设备、运营等所需的资金，制裁相关的国家、机构和个人。

FATF（金融行动特别工作组）提出的建议是，在全球范围内防范和控制大规模杀伤性武器扩散融资的行为，以杜绝资金融通的方法来杜绝大规模杀伤性武器的扩散。2012 年 2 月，反大规模杀伤性武器扩散融资和反洗钱、反恐怖融资首次被"三位一体"吸收进 FATF 通过的新《40 项建议》，这标志着反洗钱工作已超出了简单的技术性范畴，与国际政治紧密捆绑在一起。

事实上，当今世界上部分国家早已把反扩散融资作为应对非传统安全领域挑战的重要工具，将反扩散政策上升到国家战略，作为国际政治斗争的武器。

（三）中国存在的差异

我国是 FATF 的成员国之一，轮值主席国，在 2019 年参加评估中得分不高，涉险过关。对中国的负面评论中最重要的一点就是反扩散融资没有纳入我国的反洗钱工作体系。

FATF 要求的"三反"是反洗钱、反恐怖融资和反扩散融资。目前，中国国内的"三反"最后一项不一样，是反逃税。虽然在很多行政规范性文件里也提到了反扩散融资，但是没有写进国家级别的法律。主要原因是生化武器扩散的概念还不明确，这突出体现在中国在联合国安理会对叙利亚反扩散融资上投出反对票，造成该项决议被一票否决。而在其他很多制裁决议上中国投了赞成票或者弃权票。从态度来看，非常坚决地反对西方的双重标准。

三、政策建议

（一）将生物安全写入《中华人民共和国国家安全法》及其实施细则和法律解释

修改《中华人民共和国国家安全法》的相关章节，将生物安全作为一个相对独立的篇章加入，同时明确生物安全与政治安全、经济安全、军事安全等各方面的关系。在实施细则和法律解释中，充分规定执行生物安全的机构、体系、协作单位、权限等，形成保卫国家安全的全方位体系机制。

（二）修改《中华人民共和国中国人民银行法》和《中华人民共和国反洗钱法》及配套规定

作为 FATF 的轮值主席国，我国应该在上述前提下将反扩散融资纳入相关法律和部门规章。对应扩大反洗钱部际联席会议的成员结构，卫生防疫部门也将成为重要成员，改"三反"为"四反"，逐步推动金融领域反扩散融资工作，这也将进一步提高金融合规机构的要求。用金融安全保卫生物安全。

（三）加强复合型人才的培养

反扩散融资需要金融、法律、安全、生化、防疫、科技等领域的复合型人才，尤其是在甄别涉嫌扩散融资的大额和可疑交易报告的工作中，分析师与合规官必须了解联合国安理会反扩散制裁决议中规定的生化武器的种类、渊源、地区风险和局势发展。这项工作任重而道远，却是世界格局变化的大趋势下所必须掌握的。

这项工作需要中国人民银行会同卫生防疫部门以及可能设立的专门生化行政主管部门人员的通力合作，互相学习，加强培训，共同保卫国家安全。

第八章　国际金融制裁管辖权法律效力问题研究

一、国际金融制裁的法律渊源

国际金融制裁的法律渊源包括国际法、国内法、区际法和判例法四部分。

（一）国际法

在联合国层面上，《联合国反腐败公约》《联合国打击跨国有组织犯罪公约》《反洗钱和反恐怖主义融资示范法》《联合国禁毒公约》《安理会制裁决议》形成了完整的法律体系，体现了实体法与程序法相结合。

《联合国打击跨国有组织犯罪公约》第 15 条和 2003 年《联合国反腐败公约》第 42 条等国际刑法公约均设定普遍管辖原则。《中国人民银行关于落实执行联合国安理会相关决议的通知》规定落实安理会金融制裁决议的内容比较详细。

尤其是在反腐败领域，中美合作行使普遍管辖权硕果累累。我国"中央追逃办"的"天网"行动和"猎狐"行动得到了美国的支持和认可，多名出逃美国的红色通缉人员被遣返回国。

（二）国内法

美国 50 个州、华盛顿特区和 4 个海外自治领地都有自己独立的法律和管辖权（jurisdiction），联邦立法具有指导作用，各州可以选择采纳或者不采纳。一般情况下 55 个管辖权多数采纳联邦立法，尤其是在国家安全问题上高度一致。但是在诉讼程序上一般还是从州内法院开始。比如纽约州法院就是进行金融制裁的主要管辖权。

美国在国内主要通过《美国爱国者法案》《反海外腐败法》《银行保密

法》《金融情报法》等反洗钱类法律与联合国法律配合。因为涉及的领域比较新，判例法也具有重要作用。法律制定具有滞后性，法官通过遵从法律理念，针对新生问题，可以作出司法解释，这都是扩大解释，随后，判例形成就具有指导意义，并最终形成成文法。纵观英美法的历史也是判例法到成文法的转变史。

除上述特别法以外，美国的《模范刑法典》作了详尽规定，被认为是英美法体系立法的楷模。美国各个州是独立的司法体系，但是基本上采纳了《模范刑法典》，对外效力差别不大。阿尔斯通、西门子受到的制裁在适用实体法上不一样，在程序规则上趋于一致。

（三）区际法

美国通过与加拿大、澳大利亚等国组成"五眼联盟"，与欧盟多国形成情报互助和司法互助体系，配合密切。同时通过国际刑警组织、FATF、APG、埃格蒙特集团等国际组织保证其法律规则的有效性。这些国际组织的法律也属于"软法"。比如，FATF《反洗钱、反恐怖融资反扩散融资 40 条建议》是国际反洗钱的宪法性文件，国际公约有相关内容都是直接引用，如《联合国反腐败公约》和《反洗钱、反恐怖融资反扩散融资 40 条建议》的重合率在50% 以上。埃格蒙特集团《金融情报交流谅解备忘录》是所有金融情报机构签署合作协议的模板。我国签署的 40 多个协议都是在此基础上做少量修改，原文保持在 90% 以上。

从反面来看，上述机构都是可以主导或者协助解决问题的，为什么那些受制裁的当事人在事前和事后都不求助上述机构呢？皮耶鲁齐是确有重大犯罪，不敢继续申诉，他出书和控诉多是在为自己的咨询公司拉生意，为了金钱他可以行贿来获得百万年薪和千万绩效，也不惜抹黑公司同事和领导，更是对法国政府大放厥词。这些行为很有可能在未来适当的时机，由国际刑警组织、G20 国际反腐中心或者第三国进行补充侦查，一旦发现漏罪或者新罪，将其再次正法。

（四）判例法

判例法也是国内法的一部分，但是具有特殊性。对于美国而言，除联合国公约、条约、安理会决议、《美国爱国者法案》、《反海外腐败法》、授予的管辖权以外，作为判例法国家，法官造法和扩大解释法律也是惯例。比如，美国的全球反恐行动、打击海盗行动都是美国最高法院大法官根据《宪法》的原则在出台宪法修正案的基础上作出的，具有更强的法律效力，其他法院必须依照执行，而且在下次州的刑法典修正时，一定要写入刑法典。这就完成了法官解释、判例和成文法的蜕变。

在国家金融安全问题上，美国采用的是目的导向，首先穷尽一切成文法，无论是国际法还是国内法。如果没有直接法律规定，就由法官根据法律的基本原则和理念，也就是美国的根本国家利益进行扩大解释，最终也能起到无中生有的作用。

（五）适用法律效力的一般原则

上述法律发生冲突时按照下列顺序选择准据法。

1. 上位法优于下位法，即高位权力机构制定的法律优于低位的法律。比如，联合国法律优于欧盟法律。

2. 特别法优于普通法，即同等效力层级的法律，特殊法律有特别规定的，排斥普通法。比如联合国安理会制裁决议优于一般条约。

3. 国际法优于国内法。国际法是缔约国让渡各自权力、达成共识的结果，高于缔约国的国内法，比如《联合国反腐败公约》优于美国《反海外腐败法》。违反上述原则的法律自然失效，这是世界各国的共识。

4. 在英美法领域，新判例法优于成文法，法官的司法解释可以造法。

二、国际金融制裁的管辖原则

（一）分类

管辖权传统上分为刑事管辖权、行政管辖权和民事管辖权。另外，根据目前的国际形势，情报管辖权，尤其是金融情报管辖权是争议较大的领域，也逐渐成为独立的管辖权系统体系。

各国目前采用的国际金融制裁，主要是刑事案件，适用刑事管辖权原则。刑事管辖权原则是指刑法对地和对人的效力，也就是解决一个国家的刑事管辖权的问题。刑事管辖权是指一个国家根据主权原则所享有的、对在其主权范围内所发生的一切犯罪进行起诉、审判和处罚的权力。刑事管辖权的行使，事关国家主权，各国刑法对此都有明文规定。

各国在制裁管辖权上是混合使用各种既成国际规则，核心可以归结为最大限度保护本国利益。

1. 属地原则。属地原则以地域为标准，凡是在本国领域内犯罪，无论是本国人还是外国人，都适用本国刑法；反之，在本国领域外犯罪，都不适用本国刑法。阿尔斯通的高管都是在美国被捕的。

2. 属人原则。属人原则以人的国籍为标准，凡是本国人犯罪，无论是在本国领域内还是在本国领域外，都适用本国刑法。富国银行的高管享受了这项待遇。

3. 保护原则。以保护本国利益为标准，凡侵害本国国家或者公民利益的，无论犯罪人是本国人还是外国人，也无论犯罪地在本国领域内还是在本国领域外，都适用本国刑法。

4. 普遍原则。普遍原则以保护各国的共同利益为标准，凡发生国际条约所规定的侵害各国共同利益的犯罪，无论犯罪人是本国人还是外国人，也无论犯罪地在本国领域内还是在本国领域外，都适用本国刑法。

几种原则的混搭适用取决于其有效性。上述原则都有其正确性，也有其局限性。属地原则直接维护了国家领土主权，但无法解决本国人或外国人在本国领域外侵害本国国家或公民利益的犯罪的刑事管辖问题。属人原则，就对本国公民实行管辖而言无可非议，但根据这个原则，外国人在本国领域内犯罪，不能适用本国刑法，显然有悖于国家主权原则。保护原则，能够有效地保护本国利益，但如果犯罪人是外国人，犯罪地又在国外，这就涉及本国与他国之间的主权交叉与刑法冲突问题，因此，实行这个原则存在一定的限制。普通原则的法律基础不是本国刑法，而是国际公约、条约，涉及国际犯罪，诸如灭绝种族、劫持航空器、侵害外交人员等，其适用范围本身就是狭窄的，只能是刑事管辖的补充原则。

由此可见，上述原则不能只取其一而排斥其他。尽管从历史传统上看，英美法系国家大多采取属地原则，大陆法系国家大多采取属人原则。但及至近代，世界大多数国家的刑法，都是以属地原则为主，兼采其他原则。这就是说，凡是在本国领域内犯罪的，无论是本国人或外国人，都适用本国刑法；本国人或外国人在本国领域外犯罪的，在一定条件下，也适用本国刑法。这种折中型的刑事管辖体制，既有利于维护国家主权，又有利于同犯罪行为作斗争，比较符合各国的实际情况和利益，所以能为各国所接受。

《中华人民共和国刑法》关于空间效力的规定，采取的也是这种以属地原则为主、兼采其他原则的刑事管辖体制。

（二）普遍管辖权和"长臂管辖"本质不同

"长臂管辖"相较普遍管辖权，在本质上主要表现为：

1. 不是法律用语，是外交辞令。"长臂管辖"多是受侵害国指责加害国的用语，所以没有"权"这个法律用语。

2. 描述的是一种事实状态，而不是合理性认可。在多数情况下是对霸权主义的口头抗争。

3. 是典型的贬义词，外交场合不能形容本国。现在有的金融学者不了解这一点，发文呼吁中国也要对美国公司和个人实施"长臂管辖"。这种说法极其不妥。

三、金融制裁国际法变革的新趋势

全球金融情报机构和网络的运作给国际执法和司法协助带来革命性的变革。国际金融情报网络是世界上唯一公开且高效运作的真正意义上的官方机构，相对于政治情报、军事情报等保密开展的工作，金融情报国际合作对成员可公开。这一方面是因为金融情报是为了打击社会公害犯罪，为了全世界人民的共同福祉，不单纯是为了某个国家的利益，所以得到了共识和共建；另一方面，无论是腐败还是恐怖主义，大部分犯罪需要金钱作为支撑，核扩散所需资金更是天量，所以斩断了犯罪的资金链，也就遏制了犯罪，保护了全球公共安全。

金融情报具有传统情报的重要性，因为消除了敏感性，所以发展得最快。FATF、Egmont、APG 是主要推动金融情报工作的国际组织。Egomot 集团金融安全网已经有将近 200 个成员，情报交流起到了重要作用。

根据上述国家公约，金融情报不能当作证据使用，获取方必须按照刑事诉讼的调查取证程序获得，在一个司法管辖权内是很容易实现的。

美国辩诉交易中的刑讯逼供包括：剥夺睡眠、剥夺法律援助、剥夺医疗、精神恐吓、肉体折磨、监狱恐吓、同狱侵犯等，这些措施对于当事人来说很难申冤，因为在形式上难以取得反面证据。《美国陷阱》的材料绝大部分是在控诉这些行为，可皮耶鲁齐没有证据，因此成了阴谋论的案例。如果上述控诉有了实质证据，国际刑警组织就可以介入，可以启动调查。此外，皮耶鲁齐至今没有求助过国际刑警组织，这说明他有更多的隐情不敢曝光。向国际刑警组织的官方网站以及打电话求助都是免费的。综上所述，国际金融情报合作有可能带给国际司法合作革命性的变革。

四、政策建议

（一）认真研究国际法的运行规律和典型案例

中美都是国际公约的缔约国，也是安理会常任理事国，但有时让我国处于被动地位。我国必须把所有的经济金融行为纳入法制框架之下，建构完善的国际公约、示范法、所在国国内法、国际经典案例。这不是朝夕之功，需要多年的专业法律素养积累。

美国立法已经趋近于成文法，但司法和执法依然是判例法，情报系统也遵循先例，因此，我国需要认真研究阿尔斯通、汇丰银行等典型案例，哪些是美国完胜，哪些是两败俱伤？其核心环节、调查取证、辩诉交易等也都需要我国借鉴。

（二）建立专业的国际金融法律人才队伍

在美国，金融安全合规官必须是法律和金融的双料人才。他们的权力在管理层必须排名前三，对重大事项有一票否决权，可以直接跳过管理层主动与监管机构联系甚至举报。

被起诉后，很多机构迷信美国律师，特别是有司法部和检察院工作背景的大律师，本来已经焦头烂额，还要通过媒体在国人面前保持形象，自认为"师夷长技以制夷"，自作聪明。另一个重要原因是，当事人除害怕西方制裁以外，更害怕的是由此线索和舆论引起的国内制裁。

从《美国陷阱》一书中可以得出结论，这些大律师的工作只有一个——辩诉交易，也就是劝导当事人在美国法院证据严重不足，程序有重大缺陷的情况下，赶紧认罪服法认罚，以换来所谓的减刑。英美法的律师体系是案例教学，师父带徒弟，合格的律师不会背叛师门，更不会背叛美国的国家利益。这与很多无良律师是有天壤之别的，因为这事关国家安全，也是他们与司法部长期合作的"生意产业链"。

我国金融机构必须培养自己的国际金融法律队伍，借鉴"中央追逃办"

"天网"行动和"猎狐"行动的成功经验，培养金融安全合规官、侦查员和律师。

（三）积极参与和借助国际组织

《联合国反腐败公约》是联合国大会通过的，《金融制裁决议》是联合国安理会通过的，《金融情报机构规则》和情报交流安全网是埃格蒙特集团的范围，跨境执法是 INTERPOL 和 UNODC 的权利，引渡是联合国与国际法院倡导的各国之间的安排，反洗钱和反恐怖主义融资国际规则是 FATF 和 APG 等机构创立的，因此，任何国际法的执行都离不开国际组织。

我国参加上述大多数国际组织，但是参与程度不够，所以对于规则多是被动执行，不是规则的制定者。尤其重要的是埃格蒙特集团，经过 17 年的接触，还不是成员，被隔离在世界金融情报网络和管辖权之外。其弊端凸显：美国及其盟国通过遍布全球的金融情报网络获得交易情报，在没有正规取证的情况下开展逮捕、引渡和辩诉交易，这就使得情报在实施上具有证据的效力，规避国际司法协助，跳过法庭质证环节，通过变相且漫长的"刑讯逼供"，从而使其程序违法和证据违法合法化。

综上所述，我国应该积极派高素质专员参与国际组织的规则制定和执行，切实主动地保护国家金融安全。

（四）推动人民币国际化、支付系统国际化、服务器国际化

人民币国际化会削弱美元霸权，减少美元的使用量，以及美国普遍管辖权的适用。目前主要是人民币的区域化，尤其是相邻国家、"一带一路"沿线国家；推动人民币结算系统与欧元和卢布结算系统合作；加强互联网安全建设，加强监控跨境支付结算尤其是电商自用交叉支付体系的结算安保，防止金融信息后门泄露。

第九章　中韩战略合作背景下推动人民币区域化的现实与展望

一、中韩经贸合作及人民币区域化现状

随着中国经济的持续发展和全球影响力的提升，人民币国际化成为未来重要的发展方向，而在当前以美元为主导的世界货币体系之下，人民币国际化受制于许多条件及因素，无法一步实现目标。人民币区域化则可作为人民币国际化的有效切入点，在亚洲区域各经济体存在密切联系和往来的背景下，使人民币在区域内行使自由兑换、交易、流通、储备等职能，通过与区域内货币的长期合作和竞争成为区域内的关键货币，也可间接地推动人民币国际化进程。

中韩两国经贸关系长久以来处于良性发展，随着两国央行之间的渐进合作，人民币区域化进程也获得了较大进展。2008 年 12 月 12 日，韩国银行和中国人民银行首次宣布将签署为期 3 年、流动性支持规模为 1800 亿元人民币双边货币互换协议，韩国成为第二个与中国签署货币互换协议的发达国家。双方在 2011 年 11 月、2014 年 10 月、2017 年 10 月、2020 年 10 月均完成了续签工作，目前，双方货币互换协议规模保持在 4000 亿元人民币。中国和韩国签署双边本币互换协议，使得两国央行可通过本币互换相互提供短期流动性支持，为本国商业银行在对方分支机构提供融资便利，促进两国双边贸易发展及区域内金融稳定，增强了两国金融市场信心。

自 2020 年以来，中韩两国双边经贸往来受到了较大冲击。两国政府在危机中携手努力，稳定区域经济环境，体现了中韩两国同心协力、互帮互助的精神，进一步深化了中韩两国在金融、经贸领域的合作。通过人民币清算行发展及推动，并与所在地中资银行同向发力，人民币"走出去"所带来的国际贸易金融、投融资及清算等金融服务需求必将得到高效满足。

二、人民币区域化的发展意义

人民币区域化在如今逆全球化盛行的国际社会中起到关键的领航作用。随着中国承担起越来越多的国际社会责任，中国的货币体系构建需要以更加国际化的视野，平衡好国内、邻国、邻区域的经济发展，树立负责任、有担当的大国形象。人民币区域化对中国、亚洲甚至全球各国的经济金融稳定具有重要且深远的战略意义。

（一）降低国际金融风险

从 1944 年布雷顿森林体系成型后，美元开始扮演国际基础货币的角色，该体系下只有黄金和美元是储备资产，随着与美元挂钩的国际货币数量增多，依赖美元作为国际资本市场的风险也在逐步加大。20 世纪 60 年代初爆发的美元危机让越来越多的国家意识到以单一国家货币作为支柱的国际货币体系无法保持长期稳定。

随着 2015 年人民币加入 SDR（特别提款权），人民币在国际货币体系中有了更大话语权。人民币区域化将进一步提高国际基础货币币种多样性，降低国际资本流通风险，对亚洲区域乃至全球金融的稳定产生积极影响。

（二）减小亚洲受金融霸权影响

美元在国际金融市场中的主导地位导致美国依靠美元霸权屡屡在全球贸易中奉行单边主义，无视他国利益。自 2013 年起，由于大量物美价廉的韩国电器涌入美国市场，美国本土品牌倍感压力。于是美国商务部认定三星、LG 和大宇电子生产的洗衣机得到了政府出口补贴，存在倾销行为，并决定向这三家韩国厂商征收最高 82% 的反倾销税和反补贴税。尽管韩国在 WTO 框架内起诉美国并于 2016 年胜诉、于 2019 年获 WTO 批准可对美发起贸易惩罚，美国已部分执行此裁定结果。在进出口贸易方面，韩国对于韩美谈判中美国提出的"将美国汽车进口扩大一倍""钢铁产品出口美国不得超过配额"等不平等条件几乎全盘接受。作为出口导向型经济体，美国在贸易上的剥削使得韩国经济增速持续下跌，却不得不委曲求全。在驻韩美军方面，美国对韩国每年的费用要求更是得寸进尺。美国依靠美元霸权和军事实力持续干扰亚洲地区国家的经济金融市场，亚洲地区未来的独立稳定发展需要一种可以与美元抗衡的基础流通货币作为支持。

中韩签署的货币互换协议代表两国对共同防范金融风险的共识和对双方互信互惠友好原则的实践。人民币在与中国签订的货币互换协议中作为支付货币，其意义不仅在于促进双边贸易，更重要的是促进人民币成为亚洲的重要载体货币，使亚洲经济能够更加独立稳定。

（三）凝聚邻国建立亚洲特色经济模式

中国、韩国、日本作为亚洲三个重要国家在快速发展时期都非常依赖以出口为主导的经济模式，而美国的自由主义经济由于鼓励消费和资本运作、投资，导致 2008 年的次贷危机。亚洲国家和美国在经济模式上的不同，在一定程度上激化了国家间的贸易争端，导致面对占据主导地位的美元经济，亚洲国家不得不为大局作出妥协。

人民币区域化正是凝聚亚洲各国力量，充分发挥各国经济比较优势的有效手段。人民币成为亚洲关键货币后，亚洲各国间将通过更加密切的经贸交流，形成更多的供应链和更大的消费市场，同时各自的外汇储备也会更加充分。当全球其他地区再次发生金融危机时，亚洲经济共同体将有更强的抗压和自我调节能力，从而逐渐摆脱对差异较大的经济模式的货币依赖，构建亚洲特有的经济模式和货币体系。

（四）推动中国金融安全体系构建

货币稳定关乎国家金融安全。2018 年中美贸易冲突爆发以来，美国接连发起了贸易战、金融战、技术战，通过美元的影响力将中国列为"汇率操纵国"，企图强迫其他国家一起对中国发起金融制裁。面对强权国际的金融霸凌行为，我国最有力的反击方式就是靠国家自身的货币独立性和稳定性维护国家经济安全。人民币区域化可以使中国在宏观调控、政策制定、货币供给、贸易投资等方面与更多友国形成合纵连横之优势，主动维持地区稳定，无须被动接受国际强势货币所在金融体系的风险转嫁。

三、中国债券市场对外开放有利于推动人民币区域化进程

目前，中韩人民币区域化发展获得了有效进展，人民币的双边跨境流动从依靠经常项目逐渐转向资本项目，人民币在境外的投资交易和储备资产功

能也日益增强。实际上，如果缺乏金融投资和储备市场的配合，人民币在双边贸易结算模式下会流出境外并产生沉淀，难以回流，最终使得人民币区域化发展遭遇瓶颈。加强人民币的金融职能则有利于促进人民币的环流机制，巩固人民币作为区域关键货币的地位。对外开放是中国的基本国策，目前中国的经常项目已经全面开放，未来应在注重防控风险的前提下，稳妥有序推进资本账户开放。而人民币债券相较于其他以人民币计价的金融资产更具安全性，通常作为金融机构资产配置的必备品种，有相当稳定且巨大的需求规模。在2016年人民币加入SDR之后，境外人民币及其计价资产的储备需求上升，中国债券市场对外开放可满足境外机构对人民币资产配置的需求，具有十分重要的意义。

近年来，中国持续优化债券市场的基建设施和配套政策，充分吸收国际上的发展经验，加快债券市场对外开放的步伐。一方面，鼓励优质境外主体在中国境内债券市场发行人民币债券，扩宽境内人民币的流出渠道，提高人民币在跨境贸易中的使用频率；另一方面，鼓励境外投资者参与中国债券市场的投资及交易，通过建立不同交易市场互联互通机制等方式，进一步畅通人民币的回流渠道，提升人民币的货币流动性，有利于推动人民币区域化进程。

四、熊猫债券市场的发展是中国债券市场对外开放的重要成果

（一）熊猫债券市场发展历史

熊猫债券是指境外机构在中国境内债券市场发行的以人民币计价的债券，自2005年国际金融公司和亚洲开发银行分别发行了首只熊猫债券以来，整个市场发行规模不断扩大，助力我国债券市场的对外开放。2015年以来，随着人民币国际影响力的提升以及相关政策的落地，熊猫债券市场发行规模迅速扩大，截至2024年末，熊猫债券净发行量突破约900亿元人民币，较2023年翻番。

在发行主体方面，熊猫债券的发行主体类型已从多边机构、主权政府延伸至境外金融企业和非金融企业。在监管政策方面，2016年以来，人民银行、财政部和交易商协会相继出台了熊猫债券相关政策，放宽了境外母公司将募集资金用于境内子公司的外债额度限制，对境外金融机构和非金融机构企业

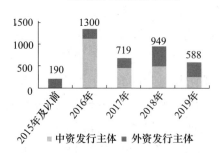
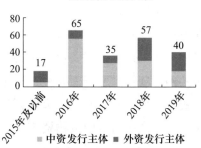

图 9-1　2015—2019 年熊猫债券发行规模和发行只数

发行熊猫债券的注册发行流程、信息披露、会计准则等提出了更明确的要求，进一步提升了境外企业发行熊猫债券的积极性。

我国熊猫债券市场的不断发展，直接促进人民币在跨境投融资活动中的使用。对于一般韩国企业，提高了其在双边进出口贸易中的人民币使用频率，有利于加速中国资本项目可兑换进程，可促进韩国对于官方人民币储备的增加，并减少美元储备需求。

（二）承销机构助推熊猫债券市场发展

在熊猫债券承销机构的市场参与方面，目前形成了"领头羊"效应，中国银行、工商银行等商业银行类承销机构和中信证券等证券公司类承销机构所承销的熊猫债券已占据一定的市场规模。

承销机构在开展熊猫债券业务中所遇到的技术难点及相应处理经验，为监管部门制定相应政策提供了借鉴和参考。另外，承销机构依托其广泛分布的境外分支机构，不断深入挖掘境外优质发行主体的人民币融资需求，让更多境外优质企业了解并参与发行熊猫债券拓宽其人民币融资渠道；同时通过承销机构全球范围内销售网络，对接境外投资人对人民币债券的投资需求，吸引更多境外投资机构参与熊猫债券的认购。例如，在新开发银行 2019 年发行的熊猫债券中，境外投资者比例高达 80%，全场认购倍数高达 3.57 倍，熊猫债券市场投资者的多样性进一步提升，对熊猫债券市场在全球金融系统中的宣传推介亦起到了至关重要的作用。境外投资者的不断涌入，带来了不同的投资理念，一方面会降低部分境内优质债券的票面利率，另一方面境内投资者对于境外发行人的理解进一步加深。我们可以观察到优质境外发行人的发行溢价逐渐降低，其债券发行利率已与国内同资质等级的发行人票面利率水平相当，为熊猫债券的发行创造了良好的环境。

五、关于中韩合作推动熊猫债券市场发展及人民币区域化的展望

（一）韩国企业人民币融资需求增长推动熊猫债券市场发展

根据国家统计局 2018 年度经济贸易数据统计，中韩两国进出口贸易总额增长至 3314 亿美元，韩国外商在中国境内直接投资总额增长至 47 亿美元，韩国企业在中国境内潜在的人民币融资需求不断增长（见图9-2）。

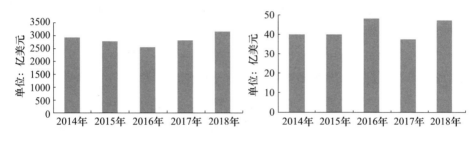

图 9-2　中国同韩国进出口总额以及韩国外商直接投资总额

2015 年 12 月，韩国通过其财政部在中国银行间债券市场发行了 30 亿元人民币债券，成为第一个在中国债券市场发行主权债券的国家，为韩国政策性银行、金融机构和优质企业探索人民币债务融资奠定了良好基础，但由于两国会计准则等效性、信息披露技术难点等问题，目前暂未有韩国企业和机构直接在中国债券市场发行熊猫债券。实际上，韩国债券市场是亚洲第三大债券市场，多数韩国大型企业具备完善的对外信息披露机制和丰富的债券发行经验。相信在中韩两国经贸往来进一步加强、两国企业合作越发紧密的大背景下，随着中韩两国央行新一轮货币互换协议的签署，会有越来越多的韩国优质发行主体通过发行熊猫债券来扩大投资者范围、优化债务结构。

（二）中韩两国央行合作带动两国金融机构合作加强

中韩两国央行的合作将减少两国货币兑换中使用美元作为中间货币带来的汇兑成本以及效率损失，提高人民币跨境结算便利程度，使得韩国金融机构持有人民币的意愿增强，进一步带动两国金融机构之间的合作。

对熊猫债券市场而言，韩国金融机构可借助熊猫债券的发行满足其在中

国境内开展业务的人民币资金需求，助力其在中国的业务发展。韩国金融机构作为优质的债券发行主体，通常具有更高的市场认可度，在中国境内的人民币融资成本也具备一定的吸引力。而韩国金融机构对于本国企业的更深入全面的了解及合作，通过与中国金融机构的业务往来，为中国金融市场带来更多业务资源及合作机遇。

（三）中韩两国合作推动金融衍生品市场体系完善

随着我国利率和汇率机制逐渐向市场化方向发展，境内外投资者对于市场风险对冲工具的需求与日俱增。目前，在交易所市场和银行间市场均已信用缓释工具、信用保护工具等信用衍生品的试点，也发展出利率互换、债券远期、远期利率协议等利率衍生品，外汇市场已建立以掉期为主的衍生品体系。但当前国内金融衍生品市场仍存在产品品种单一、结构失衡等问题，尤其是利率期权、外汇期货等境外需求量较大的对冲工具仍处于政策空白阶段，加上参与交易的主体范围受限，难以满足境外投资机构对于风险管理的要求。

中韩两国在金融领域的合作，有助于两国监管部门相互学习和借鉴对方的金融市场发展经验，尤其是 2009—2019 年的十年，韩国在金融衍生品领域始终保持高速发展并逐渐形成一个成熟先进的金融衍生品市场，为中国的金融衍生品市场发展提供了可借鉴经验。当然，中国金融衍生品市场在短期内不可能建立完备的产品体系并完全对外开放，但在中韩两国加强合作的背景下，有针对性地推出有利于双边金融市场开放的衍生品，适当定向放宽面向韩国金融机构的交易参与限制，亦是值得考虑的政策方向。

金融衍生品市场向成熟化发展，不但有利于吸引更多境外投资机构参与中国境内的金融投资交易，也有利于推动利率和汇率机制的市场化，从而稳定利率和外汇市场环境，促进本国货币在金融产品定价上的应用，进一步提升人民币的区域影响力。

第十章 金融危机背景下韩国货币危机应对与货币互换问题探究

一、韩国 1997 年货币危机

1997 年 7 月，泰国宣布泰铢贬值是引发亚洲金融危机的导火索，很快波及部分亚洲国家，韩国也受其影响，爆发了货币危机。

（一）1997 年韩元危机的起因

1994 年年末，金泳三政府宣布，将 1995 年定为韩国"全球化的元年"。从经济层面来看，韩国经济结构改革计划之一的"全球化"意味着通过金融自由化转向民间主导经济，支援财阀的投资和全球竞争。20 世纪 90 年代，金融自由化措施包括利润自由化、银行经营自律化、外汇自由化、资本市场开放、外国人投资自由化、废止管制金融政策等。受政府担保的惯性思维影响，管制的放松导致企业过度借贷，外国银行可以在没有政府信贷担保的情况下向大企业借贷，短期外债急剧增加。处于监管真空中的非银行金融机构从国外大量借入短期贷款并发放贷款给自己。

从 1993 年到危机爆发前的 1997 年 9 月，韩国外债从 440 亿美元增加到 1200 亿美元，其中大部分是短期外债。例如，1996 年债务总量占 GDP 的比重为 22%，但其中 60% 都是短期债务。到 1997 年第三季度，韩国短期外债已经是储备货币的 323%。因此，当外国投资者对韩国失去信心，资本大量外流时，韩国即使用尽全部外汇储备，也无力偿还外债，导致韩元陷入危机。

（二）1997 年韩元危机的过程

1997 年 11 月 17 日，韩国货币当局已经无法维持韩元对美元的币值，韩元与美元兑换比跌至 1008.6∶1，跌破了 1000 大关，汉城股市综合指数大跌 4.3%。韩元汇率跌破千元大关之后，市场开始对韩元丧失信心，造成韩元短期持续贬值，这是亚洲金融危机时期最大幅度的货币贬值。

1997 年 12 月中旬，韩元持续以每日停板的速度暴跌，韩元对美元比价很快下降至 1890 : 1。12 月 23 日，韩国政府被迫宣布韩国的外汇储备已经无法偿还即将到期的外币债务，投资者信心受到打击，纷纷抛售韩元，致使韩元对美元比价再次大跌 10% 以上，最严重时韩元对美元的兑换比为 2067 : 1。股市指数也随之暴跌，汉城股市综合指数从 1997 年 7 月的 731 点下跌至 1998 年 6 月的 302 点。

韩国的 GDP 在 1996 年的名义增长率高达 11.9%，即使在亚洲金融危机前夕的 1997 年也达到 8.66%。而在危机爆发之后，韩国的 GDP 在 1998 年的名义增长率降到 1.97%，而实际增长率已经降到 -6.85% 的负增长水平。

（三）韩国政府的危机应对

面对金融危机，韩国实施紧缩性货币政策，政府通过上调利率来抑制投资规模的扩大，韩国活期贷款隔夜利率从 1997 年 1 月 1 日的 13.03% 上调到 1997 年 12 月 29 日的 27.13%。AA 公司债券利率自 1997 年 11 月 1 日的 12.6% 上调到 1997 年 12 月 23 日的 31.11%。为了降低货币流动性，广义货币流动性自 1997 年 11 月的 16.4% 降至 1998 年 12 月的 11.2%。

与此同时，韩国政府采取了紧缩性财政政策，1997 年韩国中央政府统合财政规模增加率由 19.0% 降至 1998 年的 15.0%。而且，韩国政府进行了以大企业间的事业交换、企业改善作业、不良企业评价以及制定企业机构调整推进法为主的民营企业的结构改革和金融结构改革。金融结构改革的重要措施是推行由韩国资产管理公社通过担保承兑、企业改善作业、债券和股份的转换。

在严峻的经济形势下，一方面是迫于外部国际货币基金组织和美国的压力，另一方面则是由于内部的国民对财阀贪欲和金融危机的不满，外部力量试图把韩国经济束缚于霸权式新自由主义，尤其是美国式市场经济标准和华尔街金融资本的利害关系之上。因此，在结构调整过程中，方向决定权始终掌握在国际货币基金组织和美国手中。

1997 年，韩国制定"关于培育风险投资企业的特别处置法"，培育风险投资企业被提上了产业政策的中心日程。在经济形势稍微好转以后，为刺激消费，政府鼓励金融机构发放信用卡，金融机构不加区分地滥发信用卡和家庭生活费贷款，导致大量信用不良者出现，其总数突破 150 万人次。在企业结构调整过程中，大企业的垄断地位得到强化，出现了被裁减人员创建中小企业的潮流。援助中小企业的政策反而造成 IT 泡沫，泡沫的破灭使众多中小企业倒闭。最终企业结构调整和财阀改革不仅没有打击大企业，反而加强了大企业的主导结构。

二、韩国 2008 年货币危机

2008 年全球性金融危机是因美国次贷危机的外发性因素导致的。美国房价的下降使得次贷市场动荡，引起了金融机构的不实资产增加，从而影响美国金融业投资在世界各地的金融市场。韩国作为美国金融市场的投资地之一，其金融市场受到了恶劣影响，进而使韩元再次陷入危机。

（一）2008 年韩国危机的起因

在 2006—2007 年间，韩国社会对投资股票市场热情高涨，在金融危机影响之下，韩国股票市场动荡，市民经济情况不容乐观，然而实物资产的价格下跌导致韩国房地产市场萎靡不振，房地产市场几乎没有实际交易，从而导致韩国家庭及企业经济的萎缩，最后又影响很多上市公司的业绩下滑，股票价格下跌，引发一系列恶性循环。

（二）2008 年韩国危机的过程

在这场危机的冲击下，韩国经济总体呈现低迷状态，韩元币值下跌，持续疲软。企业出口减少，生存状态严峻，韩国再度成为债务国。破产企业达到 340 多家，创 2005 年以来最高纪录，引发了失业问题。由经济危机而酝酿的不安定因素进一步发展为社会危机。内需不足，制造业和服务业仅有小幅增长，物价与房地产价格均有涨势。在国际金融危机冲击到来时，韩国的证券交易因股市的暴跌而启动暂停交易程序。实体经济也受到严重冲击，生产状况不振。韩国的主要产业造船业和汽车业订单急剧下降，出口大幅减少。

2008 年，韩国有 9 个月出现贸易逆差，全年逆差总额 133 亿美元。2008 年 9 月，雷曼倒闭后，韩国外贸形势更加严峻，出口跌幅频创新高，2009 年 1 月达到峰值 – 34.5%。同时，韩国持续多年的"双顺差"格局也遭逆转，2008 年，韩国经常项目逆差总额 64 亿美元，但外汇储备下降 610 亿美元。

（三）韩国政府的危机应对

韩国政府应对这次危机的财政政策主要是增加财政支出、减免税收、提供民生保障资金并提前执行财政预算。

2008 年 10 月 19 日，韩国政府正式公布了《克服国际金融市场不安因素的方案》，宣布自 10 月 20 日起开始实施总额高达 1300 亿美元的大规模金融救援计划。10 月 22 日，韩国央行启动向市场紧急注入美元和欧元的行动。10 月 30 日，韩国国会通过了《克服国际金融市场不安因素的方案》中由政府为银行外债提供 1000 亿美元担保的提案，政府为 18 家商业银行将于 2009 年 6 月底前到期的外币债务提供最高 1000 亿美元的担保。11 月 14 日，韩国政府向 16 家国内银行提供 140 亿美元的外汇贷款担保；银行保证用政府提供的担保资金偿还到期债务并向实体经济提供流动性支持。从 2008 年 11 月 17 日起，韩国央行投入 1 万亿韩元分配给各金融机构，分配额度达到各金融机构向中小企业提供贷款、减免本息等实际出资金额的 50%；同时，额外向金融系统注入 160 亿韩元，帮助解决进出口企业面临信贷冻结形势下的美元短缺问题。11 月 21 日，韩国央行进行公开招标，以债券回购的方式回购 2 万亿韩元的国债、政府担保债券、货币稳定证券、银行债券及特殊债券，以向市场紧急注入资金。为降低汇率波动幅度，韩国央行分别与美、中、日签订货币互换协议，以解决韩国金融市场上美元短缺的问题，缓解外汇流动性压力，安抚市场情绪，稳定金融市场。

在韩国的货币政策工具中，韩国央行把总信贷上限贷款作为以基准利率为主的常备融资便利遭遇政策障碍时使用的配套政策工具。在韩国央行将利率政策用到极致之后，一方面，将总信贷上限贷款的利率从 3.5% 下调至 1.25%，另一方面，提高了总信贷上限贷款的额度，以刺激金融机构向中小企业提供融资便利。此外，与我国现行的存款准备金付息制度不同，韩国货币制度仿效美联储的运作模式，在经济正常运行的情况下是不向商业银行的存款准备金支付利息的。此次面对金融危机的冲击，韩国央行通过向商业银行存款准备金支付利息的方式达到改善商业银行资产负债表，扩大商业银行资本流动性的目的。2008 年 12 月 17 日，韩国央行和 91 家金融公司分别出资 50% 设立了 5 万亿韩元规模的债券市场稳定基金，该基金主要用于购买到期转换发行和新发行的债券，允许在金融危机中受到重创的金融机构具有优先购买权。2009 年 2 月，由韩国银行和韩国发展银行共同出资 20 万亿韩元设立银行资本重组基金，基金对其运作过程中的投资方向有明确限制，在确保达到增强流动性政策目的的同时，也保障了基金运作的空间。韩国央行通过扩大公开市场业务操作范围和交易对象，加深了公开市场业务的深度和广度，增强了韩国银行在稳定金融市场方面的政策辐射效应。

在汇率上，韩国政府采取了"先贬后升，整体贬值，降低实际有效汇率"策略。自 2008 年第三季度以来，美元兑韩元走势与美元指数走势在趋势上几乎完全一致。2008 年 11 月中旬，美元指数触及 87，同时美元兑韩元涨至 1 美元兑 1490 韩元左右；之后美元指数开始下滑，于 2008 年 12 月中旬下滑至 79 左右，韩元也随之兑美元升值，2008 年底升至 1 美元兑 1260 韩元左右。2009 年 1 月，美元再次强劲反弹，美元指数在 2009 年 3 月初突破 89，创次贷危机爆发以来最高值，同期韩元兑美元也跌破 1 美元兑 1570 韩元，为近年最低值。2009 年 3 月中旬，伴随美联储 3000 亿国债购买计划的出炉，美元指数开始长达 9 个月的震荡下滑，韩元也开起延续至今的升值步伐。

与此同时，韩元的波幅远大于同期美元指数的波幅。2008 年 7 月中旬至 2009 年 3 月初，美元指数约升值 23%，但同期韩元兑美元贬值幅度高达 36%，这直接导致韩元有效汇率迅速下滑。根据世界银行数据，2008 年 8 月，韩元实际有效汇率尚处于 88.54 的相对高位，10 月就下滑至 71.83，贬值幅度高达 18%，之后至 2009 年第一季度，韩元实际有效汇率基本稳定在 70 左右。正是由于之前的巨幅贬值，虽然韩元从 2009 年 3 月已经连续 12 个月基本保持升值态势，但与 2008 年 7 月相比，韩元兑美元仍贬值了约 10%，韩元实际有效汇率贬值了约 7%。

三、中韩货币互换的影响

（一）中韩货币互换的需求

中韩两国自 1992 年正式建交以来，双边贸易以务实的态度稳中求胜，通过贸易关系进行国内资源整合的需求不断提升。韩国国内市场相对狭小，其发达的产业与具有竞争力的产品需要通过贸易等渠道输送出去并获得更大的发展。我国庞大的市场、丰富而又廉价的劳动力和自然资源，特别是大型开发项目和基础设施建设等对韩国均具有较强的吸引力；韩国的资金技术、出口加工商品零部件和市场正是我国改革发展所需要的。

自正式建交以来，中韩两国进出口贸易额逐年增加，对韩国来说，中国一直是其顺差大国，2003—2007 年，我国一直是韩国的第一大贸易伙伴。韩国对我国贸易额从 2001 年的 181.9 亿美元迅速增至 2007 年的 819.9 亿美元，年均增速为 28.5%，大大高于同期韩国对外贸易年均 16.3% 的增速。截至 2008 年，无论从进口额还是出口额来看，中国都是韩国第一大贸易伙伴、第一大出口目的地和最大的进口来源地，而韩国则是中国第六大贸易伙伴、第六大出口市场和第四大进口来源地。

全球金融危机自 2008 年 9 月集中爆发以来，中韩贸易不可避免地受其冲击。2009 年 2 月 17 日，韩国产业银行经济研究所发表的《韩中进出口动向及展望》称：受全球经济危机的影响，中韩贸易额将大幅下降，特别是韩对华出口今年可能下降 30%。因此，中韩双方都面临改变现状的压力。

（二）中韩货币互换的进程

中韩两国的货币互换是在《清迈协议》基础上发展起来的。在 2000 年 5 月东盟各国与中日韩签订的《清迈协议》的框架基础上，中韩两国于 2002 年 6 月签订了 20 亿美元的货币互换条约，并在 2005 年 5 月伊斯坦布尔的"东盟与中、日、韩三国"财长会议上，把互换规模提高到 40 亿美元。2008 年的金融海啸是促使中韩金融合作进一步朝机制化方向发展的重要契机。2008 年底，中国人民银行和韩国银行宣布签署了"1800 亿元人民币兑换 38 万亿韩元"的双边货币互换协议。规定双方可在上述规模内，以本国货币为抵押换取等额对方货币。这是中国人民银行自此次金融危机以来第一次与其他国家央行签署的本币互换协议，至此，中韩两国货币互换进入了新的更高阶段。

中韩货币互换协议自 2009 年签署以来，已分别在 2011 年、2014 年续签，由于受萨德事件影响，第三个续签曾经不被看好。但在日韩等国没能达成货币互换协议的情况下，2017 年 10 月 13 日，韩国央行宣布与中国人民银行就两国货币互换协议期限延长问题达成一致。中韩双方同意将该协议期限再延长 3 年至 2020 年 10 月。货币互换规模仍与 2011 年达成的"3600 亿元人民币兑换 64 万亿韩元"规模相同，约合 560 亿美元。由于韩国是一个小型的开放经济体，该国有意保留尽可能多的货币互换协议，以缓冲在金融压力时期面临的外部冲击，因此，有观点认为这次货币互换协议续签使韩国避免了一次货币危机。

（三）韩国签署货币互换协议的战略考量

由于韩国和美国之间紧密的经济关系，韩国成为 2008 年金融危机受伤最重的亚洲国家。韩国在面临国内经济可能重蹈 1997 年东亚金融危机覆辙的情况下，不得不向国际社会请求资金援助。但是，1997 年的教训让韩国深刻体会到请求的救助会损害自身利益。于是，韩国将求援之手伸向了中国。中韩在 2002 年和 2005 年签署过互换货币的相关协议，这些使中国通过中韩货币互换向韩国提供救市资金成为可能。韩国向中国求援，与中国进行货币互换无疑是一种明智之举，这为韩国带来诸多的经济利益。这些经济利益除韩国可以在不用牺牲其他利益的同时快速摆脱金融危机困境外，还包含以下助益：

1. 韩国通过与中国签署货币互换协议，加强与中方的经济、金融联系，在以后的产品出口中占得先机，有利于与日本竞争中国市场。

2. 韩国通过与中国签署货币互换协议，维护了本币稳定。

3. 韩国通过与中国签署货币互换协议，增强了世界对韩国经济的信心。

除上述显而易见的经济利益以外，与中国签署货币互换协议在一定程度上反映了韩国政府"实用主义外交"的国家战略考量。

韩国政府的"实用主义外交"理念是以"四强平衡外交"为政策基础的，这"四强"分别是美国、中国、俄罗斯和日本。通过加强世纪的韩美战略同盟关系与建立中韩战略合作伙伴关系为两大政策支轴，在维护韩国安全保护利益上，强化韩美同盟和构建韩美日安全协调机制在谋求韩国经贸和能源利益上，扩大与中国和俄罗斯的全面战略合作，以振兴韩国经济，并以此确保韩国在朝鲜半岛乃至全球性事务中外交战略目标的实现。

韩国政府的"实用主义外交"的重要环节之一就是与中国建立更加密切的战略伙伴关系。而中韩在 2008 年金融危机爆发时签订货币互换协议正是韩国加强与中国合作中有关增进两国金融合作环节的具体表现。

（四）中韩货币改善双边贸易的作用

首先，金融危机下美元流动性扩张，必然导致美元大幅贬值或动荡，对各国汇率和外汇资产都是严峻的挑战。解决这个问题的重要途径在于按照相对固定或稳定的汇率进行双边尤其是多边（交叉）货币互换，进行双边和多边贸易计价、结算，并进行信用证开立业务，可以大大减少美元的外汇储备和顺差。

其次，在金融危机的背景下，通过货币互换协议这些金融创新可推动双边贸易及直接投资，并促进经济增长。其运作机制是，央行通过互换将得到的对方货币注入本国金融体系，使得本国商业机构可以借到对方货币，用于支付从对方进口的商品。这样在双边贸易中，出口企业可以收到本币计值的货款，有效规避汇率风险，降低汇兑费用。

最后，央行运用货币互换手段应对短期流动性问题，能有效地应对金融危机，维护金融体系稳定。金融危机令亚洲各国出口大幅缩水，中韩签署货币互换协议有助于韩国出口企业摆脱困境，降低美元汇价波动的风险，并刺激区域内双边贸易的复苏。

第十一章　美威胁取消香港自由港地位
对金融安全的影响

美国曾威胁要取消中国香港作为自由港的地位，这是中美贸易摩擦的一部分，是美国干预中国香港内政的阳谋，也是美国为国内选举准备的举措之一。中国香港的经济地位，就国际法和WTO规则而言，美国无权干预；就实质政治、经济，尤其是贸易和金融影响而言，应该引起重视。目前的情况下安全优于利益。

一、相关概念

所谓"自由港"，首先指的是WTO框架下的"独立关税区"，即欧盟、中国香港、中国澳门和中国台湾。单独关税区不享有主权，但是，在WTO内根据多边贸易协议，享有与国家同样的权利，承担同样的义务。相关概念是"自由贸易区"。中国自由贸易区是指在中国境内关外设立的，以优惠税收和海关特殊监管政策为主要手段，以贸易自由化、便利化为主要目的的多功能经济性特区。原则上是指在没有海关"干预"的情况下允许货物进口、制造、再出口。中国自由贸易区核心是营造一个符合国际惯例的、对内外资的投资都要具有国际竞争力的国际商业环境。

自由贸易区有两个本质上存在很大差异的概念：一个是FTA，另一个是FTZ。由于中文名称一样，会造成理解和概念上的混乱。

FTA（Free Trade Area）：源于WTO有关"自由贸易区"的规定，最早出现在1947年的《关税与贸易总协定》里。该协定第24条第8款（b）对关税同盟和自由贸易区的概念作了专门解释："自由贸易区应理解为在两个或两个以上独立关税主体之间，就贸易自由化取消关税和其他限制性贸易法规。"其特点是由两个或多个经济体组成集团，集团成员相互之间实质上取消关税和其他贸易限制，但又各自独立保留自己的对外贸易政策。目前，世界上已有欧盟、北美自由贸易区等FTA。中国—东盟自由贸易区也是典型的FTA。

FTZ（Free Trade Zone）：源于 WCO 有关"自由区"的规定，世界海关组织制定的《京都公约》中指出："FTZ 是缔约方境内的一部分，进入这部分的任何货物，就进口关税而言，通常视为关境之外。"其特点是一个关境内的一小块区域，是单个主权国家（地区）的行为，一般需要进行围网隔离，且对境外入区货物的关税实施免税或保税，而不是降低关税。目前，在许多国家境内单独建立的自由港、自由贸易区都属于这种类型。例如，德国汉堡自由港、巴拿马科隆自由贸易区等。

中国自由贸易区、WTO 独立关税区、贸易自由港是相互关联但又不完全相同的概念。主要标准在于关税待遇和金融开放的自由度。香港特区具有 WTO 独立关税区、中国特别行政区、CEPA 区（内地与香港更紧密经贸安排）、国际金融中心等多重优势，在国际上地位和体量是独一无二的，因此特称"香港自由港"。

自由港的发展会促进港口向综合性、多功能方向发展，使港口成为外向型经济中心，同时，促进港口所在地区外向型经济发展。香港特区地理位置优越，是联结北美洲与欧洲时差的桥梁，与内地和其他东南亚经济体系联系紧密，又与世界各地建立了良好的通信网络，因此香港能够成为重要的国际金融、贸易、科技和商业中心。

二、威胁缘起

2019 年 11 月，特朗普在《香港人权与民主法案》上签字，变相支持了港独分子，刺激了中间派。2020 年，特朗普又威胁要取消中国香港自由港待遇，引起了国际社会的关注。

三、不利影响

（一）就国际法地位而言，美国无权干涉

如上文分析，香港自由港的地位是 WTO 协定、香港特别行政区政策和地理历史原因造就的，美国只是 WTO 众多成员之一，无法改变 WTO 规则；也改变不了内地对于香港的政策及 CEPA；更改变不了香港的地理和历史。因此，美国的威胁对于香港的国际法地位没有影响。

（二）中、美、港贸易和金融上的实质影响

自改革开放以来，香港一直扮演着中间人和特殊渠道的角色，并从中受益匪浅。但是，由于40余年来内地的经济发展和改革力度翻天覆地，尤其是上海、广东、广西、海南等自由贸易区的发展，香港的地位受到影响。内地的自贸区在开放程度上，与香港还有实质性差距，金融基础设施、平台和产品和香港一样完全与世界接轨。

1. 贸易影响

中国内地对美国长期贸易顺差，美国对中国香港长期贸易顺差。因此，内地通过香港的转口贸易对于美国来说是应该享受关税优惠的，如果这部分贸易被美国加征关税，将对内地贸易构成实质打击。对中国香港的经济也会造成不利影响。

（1）中美贸易

数据显示，2019年全年，中美两国贸易额为5412.23亿美元，同比下降14.6%。其中，中国对美国出口总额为4185.09亿美元，同比下降12.5%；中国自美国进口总额为1227.14亿美元，同比下降20.9%。数据同时显示，2019年12月，中美两国贸易额为456.37亿美元。其中，中国对美国出口总额为344.1亿美元；中国自美国进口总额为112.27亿美元。

（2）港美贸易

根据2019年4月世界贸易组织发布的《全球贸易数据与展望》报告显示，2018年世界商品出口总额为19.475万亿美元，世界商品进口总额约为19.867万亿美元，贸易总额约为39.342万亿美元。（备注：由于统计误差，以及统计时部分货物在公海等因素，导致进口和出口数据并不相等。）

其中，中国香港货物进出口总额约为11970亿美元，出口额为5690亿美元，进口额为6280亿美元，分别占全球出口贸易额和进口贸易额的2.9%和3.2%，均位列全球第8位。可见，中国香港在全球对外贸易中占有重要地位。

2003—2017年，美国与中国香港特区商品和服务出口贸易规模在170亿美元到526亿美元之间变动。其中商品出口占比为75%左右，服务出口占比为15%左右。

美国对中国香港特区一般商品出口在136亿美元到367亿美元之间变动，其中资产性商品出口占美国对中国香港出口比重较高。美国对中国香港工业

原材料和资本性商品出口比重呈下降趋势，粮食饮料和消费品出口占比呈上升趋势。

美国对中国香港特区服务出口从 36 亿美元增长到 119 亿美元。交通运输、旅客运送、金融服务的出口占比都呈下降趋势，知识产权出口占比在 2012 年后出现了大幅增长。

2003—2017 年，美国从中国香港特区进口商品和服务金额在 96 亿美元到 176 亿美元之间变动。服务进口占比从 2003 年到 2009 年增长速度较快，2010 年后，服务出口占比基本稳定在 55% 左右。美国从中国香港特区商品进口金额在 39 亿美元到 102 亿美元之间变动。2003—2009 年，消费品进口占比大幅下降，从而导致一般商品进口规模的大幅下降。

美国从中国香港特区服务进口金额从 29 亿美元增长到 98 亿美元。交通运输是服务进口领域中金额规模最大的领域。

（3）转口贸易

香港与内地的贸易总额 = 进口总额 + 出口总额 + 转口（中国内地是目的地）。进口额 = 中国内地发去中国香港（进入中国香港海关关境）的贸易额，出口额 = 中国香港（从中国香港海关关境以内发出）发往中国内地的贸易额，转口 = 中国香港自由贸易区（中国香港海关关境以外的保税区）直接发到中国内地（第三国家或地区发出，运输经过香港中转，但是未进入中国香港海关关境）的贸易额。这三者都利用了中国香港与中国内地的关联性（前两者不用说，第三者也是由于地缘关系造成，而且对中国香港的运输业产值是有一定贡献度）。

中国香港是世界上著名的转口贸易中心，转口贸易在其总出口额中所占比例高达 80% 左右，中国香港转口贸易的前三位国家和地区分别是：中国内地（47.95%）、美国（14.44%）、日本（5.07%）。

这部分数据 2020 年左右没有官方更新，因为美国会因为转口贸易指责中国内地出口避税，反而不利于问题的解决。

（4）CEPA 贸易

中国香港对外贸易额总体呈增长态势。

2009—2019 年，中国香港货物进出口贸易总额整体呈增长态势。2010 年，中国香港迅速摆脱国际金融危机困境，其进出口总额暴增 23.5%，达到 8431 亿美元；随后 3 年，中国香港对外贸易额持续增长，然后自 2014 年开始长达 3 年的下滑；2017 年以后，中国香港对外贸易总额连续增长，2018 年全年进出口额约为 1.2 万亿美元，同比增长 5%。2019 年 1—2 月，中国香港货物进出口额同比再次下跌 6.1%，仅为 1625 亿美元。

2. 金融影响

中国香港作为国际金融中心（International Finance Center）是指聚集了大量金融机构和相关服务产业，全面集中地开展国际资本借贷、债券发行、外汇交易、保险等金融服务业的城市或地区。

中国香港是能够提供最便捷的国际融资服务、最有效的国际支付清算系统、最活跃的国际金融交易场所的特别行政区。金融市场齐全、服务业高度密集、对周边地区甚至全球具有辐射影响力是国际金融中心的基本特征。

2018 年 3 月 26 日，第 23 期"全球金融中心指数"（Global Financial Centers Index，GFCI）报告在青岛金家岭金融区发布，伦敦、纽约、中国香港位列全球金融中心前三，上海、北京、深圳、广州、青岛位列中国内地上榜城市五强。第 23 期"全球金融中心指数"共有 96 个金融中心进入榜单，其中全球前二十大金融中心排名依次为：伦敦、纽约、中国香港、新加坡、东京、上海、多伦多、旧金山、悉尼、波士顿、北京、墨尔本、蒙特利尔、芝加哥、温哥华、苏黎世、洛杉矶、深圳、迪拜、法兰克福。

中国有香港、台北、上海、北京、深圳、广州、青岛、天津、成都、大连 10 个城市或地区进入榜单。本期报告显示，中国金融中心发展势头良好，呈现出一些最新的动态特征。

其中，中国香港巩固全球金融中心前三名地位。本期中国香港 GFCI 评分大幅上升了 37 分，已远远超过新加坡，同时，与排名第二的纽约评分差距仅有 12 分。

2020 年 3 月，根据英国智库 Z/Yen 集团最新发布的全球金融中心指数（GFCI），全球前十大金融中心排名依次为：纽约、伦敦、东京、上海、新加坡、中国香港、北京、三藩市、日内瓦、洛杉矶。

四、拓展

1. 国际金融中心分类

（1）根据金融交易发生与否，国际金融中心可划分为功能型和记账型两类。如果金融机构在当地金融市场为客户提供服务或从事实质性金融交易，并创造就业和收入机会，那么该地区就是功能型的国际金融中心，如东京、新加坡等；如果金融机构不发生实质性的业务活动，只是为发生在其他地区的金融交易提供合法的登记场所，则称其为记账型国际金融中心。

（2）根据地理空间的不同，国际金融中心可划分为全球型和地区型两类。前者如纽约、伦敦、中国香港；后者如东京、法兰克福、巴黎。

2. 国际金融中心影响

（1）作为国际金融市场的枢纽，国际金融中心为世界经济的发展作出了巨大贡献。

（2）国际金融中心的发展也给当地经济带来显著收益。

3. 国际金融中心竞争

国际金融中心之间表现出竞争与合作的关系。

由于国际金融中心可以为所在国家和地区的经济发展带来巨大利益，国际金融中心之间的竞争历来有之。历史上，伦敦和纽约为了争夺主导全球的金融中心地位，曾有"凯恩斯计划"和"怀特计划"之争，最后美国凭借强大的"怀特计划"胜出，美元成为战后全球金融体系的主导货币，纽约也取代伦敦成为国际金融中心的"领头羊"。

当然，国际金融中心之间并不完全表现为竞争关系，共同的利益导向也会诱发相互合作的需要。由于各个金融中心的禀赋能力有限，在业务内容上可能各有侧重，辐射区域也有所差别，基于业务分工和区域分工的优势互补能够产生外部经济性，在合作过程中提高各自的竞争力。例如，尽管欧盟内部各个金融中心的竞争日趋激烈，但是各国并未就此忽视合作的重要性，而是通过协调金融税收制度、组建泛欧金融市场、开展金融业务交流等途径，加强相互间多层次的紧密合作，在各自发展的基础上形成了互有分工、相互合作和有序竞争的基本格局。

国际金融中心条件。国际金融中心的地位是建立在多种资源条件的综合优势之上的，是在一系列供给和需求因素的推动下形成和巩固的。

根据历史经验和相关研究成果，国际金融中心条件可概括如下：（1）强大繁荣的经济基础；（2）安定和平的政治环境；（3）高效健全的金融制度；（4）分布集中的金融机构；（5）鼓励扶持的政策取向；（6）低廉合理的税费成本；（7）完备齐全的基础设施。

4. 国际金融中心演进

（1）自然演进的发展路径：经济贸易发展—金融服务需求—自发形成国内金融中心—自然演进为国际金融中心。典型代表为纽约、伦敦。

（2）政府推动的发展路径：政府推动金融中心建设—政策措施引导—金融机构聚集—迅速成长为国际金融中心。典型代表为东京、新加坡。

"全球金融中心指数"报告显示，伦敦、纽约、中国香港、新加坡和上海是全球五大金融中心。

1840 年之前的香港还是一个小渔村。1842—1997 年间，香港沦为英国殖民地。第二次世界大战后，香港经济和社会迅速发展，不仅成为亚洲四小龙之一，也是全球最富裕、经济最发达和生活水准最高的地区之一。香港是亚洲重要的金融、服务和航运中心，以廉洁的政府、良好的治安、自由的经济体系以及完善的法制闻名于世。1997 年 7 月 1 日，中华人民共和国正式对香港恢复行使主权。

香港保持资本主义制度，并可享受外交及国防以外所有事务的高度自治权。香港是中西方文化交融之地，也是国际和亚太地区重要的航运枢纽和最具竞争力的城市之一，经济自由度指数位居世界首位。有"东方之珠"、"美食天堂"和"购物天堂"等美誉。

香港特别行政区金融与内地和美国的关系都很密切，尤其是港币的汇率基本上直接受美元影响。内地的金融在全面开放过程中，但是外汇管制还是存在的，尤其是资本项下的管制对于内地和香港特别行政区的金融安全非常必要，这从亚洲金融危机"港币保卫战"可以看出其关系。

内地金融在国际贷款、国际证券交易、国际发债、国际保险、支付清算、外汇、期货、反洗钱、金融安全领域对香港特别行政区有很大需求。尤其是港股和港债市场，外汇管制与渠道变通方面，不可或缺。

第十二章　马来西亚宏观经济发展、中马经贸合作与新时期行业发展方向

一、马来西亚宏观经济稳定

马来西亚蕴藏丰富的天然资源,是亚洲唯一的石油净输出国,石油储量位居全球第37位,东盟仅次于越南;天然气储量居于全球第24位,东盟仅次于印度尼西亚;棕榈油产量全球占比为40%,是全球棕榈油市场的定价中心。

马来西亚是东盟第三大经济体,自2000年以来,马来西亚的经济保持高速发展,实际GDP年均增速为5.5%。实际人均收入年增长近6%。2019年度全国GDP总值为1.51万亿林吉特(按现价,折3683亿美元),同比增长4.3%,人均GDP1.1万美元,东盟六个主要经济体中仅次于新加坡。经济支柱行业为石油、棕榈油、电子、金融及建筑业。目前,马来西亚国家主权评级中穆迪为A3,评级展望为稳定。

马来西亚政府从2020年3月18日开始实施行动管制,经济活动趋于停滞,马来西亚2020年经济增长速度有所下滑。在此期间,马来西亚推出经济刺激措施,包括1次降准、2次降息、2500亿林吉特经济刺激计划,以及马来西亚总理宣布的总额达100亿林吉特的"关怀中小企业附加援助计划",随着危机逐步消退,马来西亚经济将重回增长,2021年经济出现大幅反弹,彭博2020年预测2021年马来西亚GDP将增长近5%。马来西亚2016—2019年的主要经济指标见表12-1。

表12-1　2016—2019年马来西亚主要经济指标

指标	2017年	2018年	2019年
GDP（亿美元）	3147	3543	3683
GDP同比（%）	5.9	4.7	4.3

指标	2017 年	2018 年	2019 年
CPI（%）	2.7	0.88	0.7
出口金额（亿美元）	2300	2412	2383
进口金额（亿美元）	2070	2166	2051
财政赤字率（%）	3.0	3.7	3.4

2019 年，马来西亚经济增长速度虽然有所放缓，但仍维持在 4% 以上，高于新加坡的 0.70% 和泰国的 2.40%。人均 GDP 超过 1.1 万美元，是东盟六国中，除新加坡外唯一人均 GDP 过万的国家。东盟六国 2019 年 GDP 经济数据见表 12-2。

表 12-2　2019 年东盟六国经济表现

国家	GDP（亿美元）	人均 GDP（美元）	经济增速
马来西亚	3683	11198	4.30%
新加坡	3721	65233	0.70%
印度尼西亚	11201	4193	5.02%
泰国	5436	8170	2.40%
菲律宾	3593	3319	5.90%
越南	2599	2715	7.02%

马来西亚金融市场遭受短暂冲击后，现已逐步恢复，东盟六国表现较为稳定。马来西亚金融市场较为发达，主要由股票市场和债券市场构成。股票市场有 932 家上市公司，上市公司数量居东盟第一，总市值达 3.22 万亿林吉特，是马来西亚 GDP 的 2.2 倍。债券市场规模金额与 GDP 相当，位居东盟第一。马来西亚是全球最大的伊斯兰债券市场，占全球近 47.5%。

2020 年以来，东盟六国的金融市场均出现大幅震荡，马来西亚金融市场在 3 月出现短暂大幅波动后现已逐步恢复。在东盟六国中，马来西亚股市表现最好，债市和汇率市场走势相比印度尼西亚和新加坡这两大经济体表现更为稳定。具体来看，马来西亚股市跟随全球股市暴跌在 3 月出现大幅下挫，目前已经企稳，较低点反弹近 10%。受马来西亚央行降准降息影响，马来西亚 10 年国债收益率持续走低，2020 年 4 月较年初下降 13.04%，预期未来还会继续向下（见表 12-3）。随着形势缓解及经济活动逐步恢复，马来西亚经济在 2020 年下半年重回增长，林吉特贬值压力将明显减轻，林吉特继续向下的空间不大。

表 12-3　2020 年年初至 4 月 24 日东南亚各国金融市场表现

国家	股市	10 年国债收益率	汇率
马来西亚	－ 14.52%	－ 13.04%	－ 6.66%
新加坡	－ 22.57%	－ 40.80%	－ 5.83%
印度尼西亚	－ 28.45%	12.59%	－ 11.88%
泰国	－ 21.12%	－ 0.72%	－ 7.40%
菲律宾	－ 29.42%	－ 2.79%	0.19%
越南	－ 19.66%	－ 7.58%	－ 0.51%

整体来看，马来西亚政治环境良好，经济金融体系较为健全，拥有较完善的基建设施、丰富的天然资源以及极具竞争力的服务领域及制造业基础，尽管面临较为不利的外部需求减弱局面，但国际竞争力仍可确保出口维持一定的增速。2019 年财政收入为 2644 亿林吉特，财政赤字保持在 GDP 的 3% 左右，政府外债余额共 9463 亿林吉特，占出口商品和服务价值的 12.8%，政府财政赤字和外债均保持在健康水平。2019 年年末，马来西亚政府外汇储备达1036 亿美元。良好的财政状况为其进一步实行经济振兴计划打下坚实基础。

二、马中经济合作情况介绍

马来西亚位于"一带一路"和"陆海新通道"的重要节点。2019 年，时任总理马哈蒂尔在希盟执政一周年纪念时正式提出《马来西亚 2030 愿景》，计划将马来西亚发展成为亚洲重要经济主轴，为中国投资马来西亚创造了有利的政治环境。马来西亚经济稳定增长，马来西亚林吉特相对美元保持稳定，具有良好的法制保障、积极的产业政策，是承接中国企业产业转移最佳投资地之一。

2019 年，中马双边贸易总额为 1239.6 亿美元，同比增长 14.3%；其中中国出口总额为 521.3 亿美元，较 2018 年增长 14.9%；中国进口总额为 718.3亿美元，较 2018 年增长 13.6%。中国连续 11 年成为马来西亚最大贸易伙伴。从商品结构来看，中国出口马来西亚的商品主要是纺织原料及纺织制品、塑料制品、橡胶制品、矿物制品、陶瓷品、玻璃制品、矿产品、机电产品等。从马来西亚进口的商品主要是机电和矿产品等。中国处于入超地位，2019 年贸易逆差达 197 亿美元。

截至 2019 年 11 月，马中双向累计投资达 204 亿美元，中国对马来西亚投资 126 亿美元，马来西亚对中国投资 78 亿美元。2019 年，中马双方合作硕果丰富，马来西亚毛燕和冷冻榴梿整果成功出口到中国，双方合作的东海岸铁路项目顺利复工，大马城项目得以重启。

（一）马来西亚明确"一带一路"定位

2019 年"一带一路"峰会，时任马来西亚总理马哈蒂尔作为东盟地区唯一国家领导人在峰会开幕式上致辞并明确表示马来西亚愿意成为"一带一路"的重要节点。习近平主席在会见马哈蒂尔总理时指出，当前两国关系站在了新的历史起点，要以共建"一带一路"为机遇，为中马关系开创美好未来。中马共建"一带一路"基础扎实，前景可期，双方要加强规划，做大合作平台，推进高质量合作。把"两国双园"做大做强，使其成为"陆海新通道"重要节点，促进两国和地区联通和发展。

（二）马来西亚法制基础好、产业政策积极

中马两国签有《避免双重征税协定》《贸易协定》《投资保护协定》《海运协定》《民用航空运输协定》等 10 余项经贸合作协议，经贸合作十分紧密。马来西亚政府支持政策还包括提供税收优惠，即五年部分免税，制造业百分之百外商所有权及知识产权保护，等等。由于马来西亚投资法律体系完备、与国际通行标准接轨、各行各业操作流程较为规范，加之其临近马六甲海峡、辐射东盟、印度、中东市场等独特的地缘优势，吸引了包括中国企业在内的各国企业来马投资经营。此外，马来西亚拥有世界权威的清真认证体系，能最便捷地让中企获得进入穆斯林市场的通行证，开拓国际清真市场。马来西亚具有优越的战略位置、政府政策支持、商业环境等竞争优势，其中交通基础设施、物流业、制造业最为获益。

在 2019 年沃顿商学院的一项排名中，马来西亚"最佳投资国家"排名位列第一。在国际管理发展学院的相关排名中，马来西亚在"世界竞争力排名"位列第十四、"世界人力资源发展排名"位列第四，是国际公认的投资沃土。

截至 2019 年 11 月，马来西亚实际对中国投资累计达 78 亿美元，中国企业对马来西亚累计直接投资 59.5 亿美元。

（三）马来西亚承接中资企业制造业转移情况

在国家"一带一路"倡议，国内供给侧改革，国际产能合作背景下，东

南亚地区成为中资企业出海首选区域。

马来西亚承接的中资企业投资领域广泛。首先，中国企业积极参与马来西亚交通基础设施建设，如关丹港项目、东海岸铁路项目等，其中关丹产业园共有 12 项投资，目前投资额已达 17 亿美元，在规划中的总投资额为 44 亿美元。其次，中国投资针对电力、供水、保障房等工程的建设，如南方电网与中广核投资的 Edra 电站项目、北控水务马来西亚潘岱第二污水处理厂项目、建行马来西亚子行参与的关丹保障房建设项目。再次，马来西亚的槟城、新山在光电子、后端半导体等产业具有成熟的产业链，吸引了众多中资来马来西亚设厂，如盈趣科技、通富微电、华天科技等。最后，由于东盟区域内已大致实现零关税，一些企业在马来西亚并购公司或设立工厂，如吉利收购马来西亚第一国产车宝腾汽车、中车株机成立东盟制造中心等，通过立足马来西亚，进而覆盖东盟地区市场，一举多得。

在制造业方面，马来西亚政府在 2019 年上半年批准了涉及 366 个、总额为 331 亿林吉特的投资项目，较 2018 年同期的 288 个项目、总额为 190 亿林吉特的投资明显有所增加。制造业的 75.8% 或 251 亿林吉特的投资额属于外资，其中中国投资的 48 亿林吉特，占制造业投资总额的 14.5%。

（四）中国与马来西亚人民币区域化和金融安全

1. 中马两国政府在危机中携手努力，稳定区域经济环境，体现中马两国同心协力、互帮互助的精神，进一步深化中马两国在金融、经贸领域的合作，为人民币国际化奠定良好基础

2020 年以来，中马两国政府相互提供大量援助与支持，两国航班不停航、相互捐赠大量物资、互派医疗团队等。在人民币国际化合作方面，2009 年 2 月 8 日，中马两国央行签订的互换协议规模为 800 亿元人民币/400 亿林吉特。2012 年 2 月 8 日，双方续签了中马双边本币互换协议，互换规模扩大至 1800 亿元人民币。此后，双方在 2015 年、2018 年和 2021 年完成续签工作，规模保持为 1800 亿元人民币。未来基于中马良好的经贸关系基础，以及马来西亚政府支持并积极参与"一带一路"倡议的决心，预计中马双边贸易投资合作将得到持续推动，为人民币国际化打下良好基础。

2. 2010 年中国东盟自由贸易区全面建成，中国与东盟间的贸易投资驶入"快车道"

中国连续 10 年成为东盟第一大贸易伙伴，2019 年东盟历史性超过美国上

升为中国第二大贸易伙伴。在《中国—东盟战略伙伴关系 2030 年愿景》框架下，中国应通过高质量推进"一带一路"倡议，在互联互通、智慧城市、数字经济、贸易投资等领域拓展合作，推动人民币国际化，构建中国—东盟命运共同体，更好地应对外部宏观经济冲击。

3. 马来西亚位居东盟核心，"一带一路"重要节点，是服务东盟区域的人民币离岸中心

2020 年亚太经合组织 APEC 峰会在吉隆坡举行，中国主动利用此次会议发挥中国影响力，推动人民币区域内的国际化。随着"一带一路"倡议的推进，中马贸易合作关系日益加深，中国连续 10 年成为马来西亚最大的贸易伙伴国。2019 年，中国与马来西亚的双边货物进出口贸易总额达 1239.6 亿美元，较 2018 年增长 14.2%；其中中国出口总额为 521.3 亿美元，较 2018 年增长 14.9%；中国进口总额为 718.3 亿美元，较 2018 年增长 13.6%。

4. 中马合作推动债券市场对接是推动人民币国际化的重要手段

2017 年 7 月，马来亚银行在中国银行间债券市场发行了 10 亿元人民币熊猫债，成为第一个在中国债券市场发行熊猫债的马来西亚机构。2019 年 6 月，马来亚银行再次发行 20 亿元人民币熊猫债。马来亚银行为马来西亚第一大商业银行，为探索使用人民币债务融资奠定了良好基础。此外，马来西亚作为全球伊斯兰债中心，债券市场体量巨大，马来西亚当地市场的伊斯兰债存量约占全球总量的 50%，债券市场为本地优质企业最主要的融资渠道。随着中马两国合作关系的加深，将有越来越多的马来西亚优质发行主体通过发行熊猫债券来扩大投资者范围、优化债务结构；而中马两国合作也将减少货币兑换中使用美元作为中间货币带来的汇兑成本以及效率损失，提高人民币跨境结算便利程度，拓宽境外投资渠道，使得境外机构持有人民币的意愿增强，从而推动熊猫债券市场进一步发展，为人民币国际化作出贡献。

5. 中国建设银行（马来西亚）拥有东盟地区唯一数字银行牌照，具备较强的区域货币交易与做市能力，通过主动跟随"一带一路"倡议，可为人民币国际化发挥积极作用

一是中国建设银行（马来西亚）2019 年跨境人民币结算量马来西亚市场占有率超过 30%。二是中国建设银行（马来西亚）已成功实现为马来西亚大众银行、柬埔寨联昌银行等多家代理行提供人民币清算服务。三是中国建设银行（马来西亚）获得马来西亚央行监管认可，成为首批人民币期货做市商及马来西亚央行授权离岸林吉特交易唯一中资行。四是中国建设银行（马来

西亚）成为马来西亚第一家加入中国银行间市场的银行。五是中国建设银行纳闽分行成功获批成为人民币清算行。

三、马来西亚新时期产业发展方向

马来西亚基础设施比较完善，政府长期重视对高速公路、港口、机场、通信网络和电力等基础设施的投资和建设。同时，马来西亚政府未来的基础建设计划也为外国投资基础建设和开展工程承包提供了契机。世界经济论坛《2018 年全球竞争力报告》显示，马来西亚在全球最具竞争力的 140 个国家和地区中，排名第 25。

近年来，马来西亚经济发展健康、稳定，将出口导向作为发展经济的重中之重，其建筑业、制造业和电子业都获得了长足发展。马来西亚政府鼓励以本国原料为主的加工工业，重点发展电子、汽车、钢铁、石油化工和纺织品等。2018 年，马来西亚第一产业、第二产业、第三产业在 GDP 中占比分别为 7.5%、36.9% 和 55.6%。

2020 年第一季度全球危机逐渐爆发，根据 2020 年 4 月发布的穆迪投资分析报告，亚太地区各行各业受影响度分布情况见图 12-1，由此可以看出，航空、油气生产、汽车制造以及消费零售业属于受严重冲击行业。2019 年经济学人数据库此前预测 2020 年马来西亚 GDP 增长值为 4.1%，目前受危机影响，马来西亚政府下达的行动禁止令已持续一月有余，禁止令要求除银行、医疗机构、超市、水电煤气等维持社会运营公司外，其他企业停止经营，且该预测将至少执行至 5 月末。占马来西亚 GDP 贡献值 50% 以上的零售及消费行业受到严重影响，若禁止令持续延期必将导致本年度马来西亚主要经济增长引擎的失速。

可以预见在新时期，马来西亚需要通过加速消费及加大投资来完成全年经济增长目标，努力降低失业率以维护社会经济稳定。因此，大规模基础设施以及加强通信领域投资是其主要经济刺激手段。

预见新时期马来西亚产业发展的两大主要领域：

（1）大力投资基础设施。马来西亚基础设施较完备，公路、铁路、航空较为发达。法律规定，外国投资者可经过一定程序参与其基础设施建设。但自 20 世纪 90 年代经济起飞阶段至今，包括高速公路在内的大量基础设施已陈旧不堪。中国"一带一路"倡议，较好地对接了马来西亚国内基础设施更

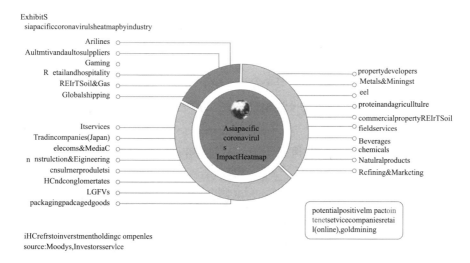

ExhibitS
siapacificcoronavirulsheatmapbyindustry

Arilines
Aultmtivandaultosulppliers
Gaming
R etailandhospitality
REIrTSoil&Gas
Globalshipping

Itservices
Tradincompanies(Japan)
elecoms&MediaC
n nstrulction&Eigineering
cnsulrnerproduletsi
HCndconglomertates
LGFVs
packagingpadcagedgoods

propertydevelopers
Metals&Miningst
eel
proteinandagriculltulre
commercialpropertyREIrTSoil
fieldservices
Beverages
chemicals
Natulralproducts
Rcfining&Markcting

Asiapacific
coronavirul
s
ImpactHeatmap

potentialpositivelm pactoin
tenetsetvicecompaniesretai
l(online),goldmining

iHCrefrstoinverstmentholdingc ompenles
source:Moodys,Investorsservlce

图 12-1　国际金融安全与生物金融安全研究

新的迫切需求。马来西亚政府在后期将大力推动原有既定项目的投资进度，加快项目落地，刺激经济发展。马来西亚 2020 财年主要基础设施项目具体包括总投资 216 亿林吉特的"国家光纤连接计划"；加速重启总投资 440 亿林吉特的东海岸铁路项目以及总投资 366 亿林吉特的巴生谷捷运系统等。

（2）通信领域快速发展。近年来，马来西亚通信领域获得了长足发展，目前马来西亚国内已有 MAXIS、Digi、TELECOM 等多家电信服务商，互联网用户 2135 万，渗透率超过 70%。移动手机用户 4180 万，渗透率为 137%，全国主要地区均有 3G 覆盖，4G 覆盖率达到 80% 以上。2020 年是马来西亚 5G 通信元年。就 5G 技术而言，东南亚国家中马来西亚最为支持中国。5G 技术一经公布，时任总理马哈蒂尔积极评价华为对马来西亚的贡献。尽管马来西亚在 2020 年 2 月成立了新政府，但新任命的通信和多媒体部长 SaifuddinAbdullah 在 2020 年 3 月 11 日表示，马来西亚 5G 的部署时间表将保持不变。马来西亚政府多次表示向中国靠拢有更大的经济利益而无损于马来西亚的国家安全。因此，预计马国信息技术部将尽快发布有关 5G 招标的详细信息，并按计划进行部署。虽然目前受到各种因素影响，马来西亚 5G 网络建设有所延迟，但作为马来西亚新经济发展的基础技术，5G 的全面建设以及对非接触经济模式的推动作用将在后期越发显现其优势。

四、业务发展趋势

随着马来西亚新时期产业聚焦基础设施投资与通信领域发展，中马经贸合作迎来新契机，与之相关的业务也呈现出蓬勃发展的趋势，为商业银行等金融机构带来了丰富的机遇与广阔的业务拓展空间。一是基础设施建设带动设备输出，尤其是大型成套设备出口。商业银行针对大型成套设备出口主要以组建银团的形式为其提供中长期贸易融资。二是对于基建原材料及装备的出口，商业银行结合业务实际，可提供出口卖方信贷、出口买方信贷、信用证、保函、海外代付等多种融资产品，以及一系列国际结算业务。三是对于大型企业的海外建厂、并购等投融资需求，商业银行可以为其提供财务咨询、风险管理、投资银行等创新业务。四是针对大型装备制造业的上下游企业，以发展供应链金融等形式，助力更多优质企业"走出去"。

第十三章　银行业流动性危机到债务危机的对策

截至 2020 年 3 月以来，美股接连发生熔断，多国股市重挫，跌幅 10%。芝加哥期权交易所（CBOE）恐慌指数 VIX 也在 3 月 17 日超过 2008 年金融危机时的高点，创下收盘纪录新高。此时全球风险资产与避险资产已经开始双跌，流动性危机不断发酵，信用危机爆发。

一、本轮流动性危机主要体现为美元的流动性危机

1. 各市场本币充足，全球美元短缺

此次美元流动性危机表现为美国企业部门、美国金融市场以及离岸市场美元流动性的同时收紧，美元作为市场最流动的货币，在危机爆发时非美元区域都有动力将自身货币换为美元进而避险，市场对美元的需求量增加从侧面反映市场紧张情绪，从而引发更深层次的流动性危机。

2. 美联储与全球央行合作共同补充美元流动性，虽然流动性稍有缓解，但是信用危机已经形成

2020 年 3 月中上旬，美联储连续两次大幅降息至零利率，并迅速推出 7000 亿美元 QE 刺激，重启量化宽松政策，希望通过强刺激来填补流动性缺口。随后，美联储启用非常规流动性支持工具（CPFF、PDCF 和 MMLF），紧急和多国央行签订了 4500 亿美元的货币互换协议，为企业、家庭、非银机构以及非美元区国家注入流动性。美联储于 3 月 23 日开启无限量化宽松模式。至此，美元流动性稍有缓解，但银行市场资金依然紧张，3MLibor – OIS 利值不断增加，市场信用风险预期持续扩大，从 3 月初开始从 20 基点一直扩大到 136 基点，这表明银行间交易对手的信用成本升高。

3. 美资企业以及以美元作为交易的资产受到最严重影响

欧美国家经济主要依赖消费拉动，人与人之间的接触大幅减少无疑将在短期内压制总需求，受冲击较大的行业包括旅游、餐饮、文体、交通等，总

需求的减少会直接导致上市公司盈利能力大幅下降，整体经济增速也将随之下降。从避险资产来看，美国目前已经成为全球最大的产油国，从原净进口国转变为净出口国，石油价格大幅下跌，进一步加剧美元流动性的紧张。上市公司中波音、星巴克、苹果均表现出不同程度的股价下跌。

二、市场研判

1. 美元流动性危机的背后是美国经济、金融体系的"高杠杆"资产，若不正确引导当前美联储的流动性，很可能将信用资质差的企业杠杆加倍放大，从而更加增大风险敞口

美国企业部门的杠杆率已经达到75%，截至2020年3月，美国公司债规模已经达10.5万亿美元，51.6%是BBB评级及以下，39%不具备投资，一旦经济形势不好、经营困难，部分看似投资级的债券有可能被下调为垃圾债。基于杠杆设计的融资规模目前已经达1.56万亿美元。随着新一轮美联储的资金注入，很可能将信用资质差的企业杠杆加倍放大，从而更加增大风险敞口。另外，在货币宽松的环境下，上市公司举债获取资金后，部分通过二级市场回购股票，推升股价的同时，虚增了盈利，一旦流动性危机加剧，股市也将面临下跌风险。

2. 非美元区货币汇率贬值压力增大

为增强流动性，避险资产纷纷遭遇抛售以换取流动性。美元加速回流，助推了美元荒导致美元交易价格快速上涨，这使得各国金融体系或将面临资本外流的压力，风险资产遭遇减持，从而使得汇率面临贬值压力。

3. 稳定国家的货币或将开始成为主流货币之一

2020年以来，物资匮乏状态凸显。例如，一次性医用口罩由平时的1元涨至3元，一台呼吸机由平时12万元涨至30万元，因此出现卖方市场，这种情况下，具有稳定生产能力国家的货币必将在未来市场中占有一席之地。

4. 信用危机的解决，将取决于欧美的有效防控

逐渐对全球供应链进行修复，维持流动性的稳定，促进实体经济增长。本次危机的蔓延导致以欧美为主的消费端需求有所下降，部分东南亚地区的供应端逐渐放缓，造成全球在实体经济中的短缺。后全球复工开始，经济将逐步复苏，信用危机得到缓解。

三、政策建议

1. 守住底线思维

银行业是当前经济运行的基础，首先应当保证业务正常运营，一方面保障物理人员的安全，另一方面确保流动性的持续。拓宽交易面，培养银行在市场筹资的能力。积极拓展主权类机构或流动性较为宽裕的金融机构或公司类客户，维持银行流动性的稳定。

2. 优化资产结构

行业结构格局的变化是银行调整资产结构的良好时机，保持资产质量，提高高流动性资产占比，积极介入行业洗牌，参与市场并购，满足优质企业信贷需求；同时顺势而为参与当地政府的援助计划，每个国家根据不同的情形均出台相应政策保证市场的稳定性与潜在投资者的预期，银行可以积极寻找政府救助基金（担保机构）及时了解相应计划以作出商业决策。

3. 加快推进人民币国际化

中国是最快高效完成恢复的国家，并且已经复工复产，目前中国的物资正在接济全球，是推进人民币国际化的最好时机。一是支持贸易伙伴国家填补美元流动性缺口；二是加快发展熊猫债市场，帮助国际伙伴国家和企业解决债务危机与流动性困难；三是加快中国稳定币的国际推广，使得金融资源真正服务实体经济，实现有效精准滴灌。

4. 体现银行担当责任与当地政策性金融机构合作，通过支持国家机构等主权类主体，支持当地相关举措，缓解当地流动性紧张产生的风险

有境外机构的金融主体，可以选择与东道国主权机构合作，通过为其提供流动性支持进而缓解市场紧张情绪，树立中国形象。

附录一　落实习近平总书记金融安全重要讲话精神系列述评

维护金融安全关系全局
——落实习近平总书记金融安全重要讲话精神系列述评之一

新华社记者　刘　铮

中共中央政治局近日就维护国家金融安全进行了第四十次集体学习。习近平总书记在主持学习时强调，切实把维护金融安全作为治国理政的一件大事。

"金融安全"的提法分量十足、含义丰富，"治国理政的一件大事"则点明了这关系党和国家工作全局、经济社会发展大局和国家安全战略格局，对此要有充分的认识。

对国家而言，金融安全关系着经济社会发展大局。金融不仅是现代经济的核心、实体经济的血液，而且随着近年来国内外金融业的飞速发展，大量资金跨行业、跨市场、跨国境迅速流动，金融业对一国乃至全球经济影响的力度、传导的速度都进一步提升，当今世界大的经济波动往往由金融问题引发。1997年亚洲金融危机、2008年国际金融危机提醒我们，对金融风险要未雨绸缪，对维护金融安全必须高度重视。

对个人而言，金融安全关系着老百姓的"钱袋子"。随着"资产配置"理念深入人心，理财产品走进千家万户，越来越多的普通人已经和"高冷"的金融有了亲密接触。人们更多关注的是理财产品的收益率，但理财产品背后往往关联着银行、证券、债券、信托等一系列金融市场和金融机构，其中有的有层层嵌套，有的依托同业业务，金融安全关系这些投资能否"安然落袋"。防范金融风险、维护金融安全，就是在守护老百姓的"钱袋子"。

当前，国内外经济金融形势复杂，更加凸显维护金融安全的必要性、紧迫性。虽然我国金融风险总体可控，但维护金融安全不可掉以轻心。从外部环境看，一些大国开始调整货币和财政政策，这些政策的外溢效应对我国的金融稳定有可能形成外部冲击；从国内情况看，我国经济转型升级正处于关键时期，金融业一方面承受着转型阵痛，另一方面承担着支持实体经济转型升级重任，此外，还面临着部分金融机构杠杆率较高、过度趋利、金融监管存在空白和短板等挑战。

维护金融安全，我们已经有了较为厚实的"底子"。目前，我国银行业金融机构总资产接近 232 万亿元，资产规模居世界第一；A 股市值约 52 万亿元，公募私募基金规模约 18 万亿元，保险业总资产近 16 万亿元。中国金融业成功抵御了亚洲金融危机和国际金融危机的冲击，有力地支持了宏观经济的持续健康发展。在从金融大国迈向金融强国过程中，一方面要继续壮大中国金融业实力，另一方面则要抓紧处置风险、完善制度，行稳方能致远。

维护金融安全，是对当前金融体系的重大改革完善，是国家治理体系和治理能力现代化的题中应有之义。当前金融乱象不仅有金融机构风险意识不足、审慎合规经营理念薄弱、公司治理体系改革不到位等问题，也有金融监管存在空白、短板，标准不统一、规则不完善等问题。要维护金融安全，就要从金融机构和金融监管两方面的体制机制入手，强化内控，补齐短板，明确规矩。要以稳固的金融体系，为经济社会发展大局稳定提供坚强的保障。

维护金融安全的根本目的是让金融服务好实体经济。近年来，我国金融发展迅速，起到了支持实体经济的作用。但不可否认，一批资金在金融领域里空转，部分热点城市房地产等资产价格泡沫泛起，部分流动性没有注入实体经济。要支持实体经济转型升级，就要让金融回归服务实体经济的"初心"和本源，使得实体经济和金融的关系如鱼得水，推动中国经济顺利爬坡过坎，行稳致远。[1]

---

〔1〕 http：//www. xinhuanet. com//fortune/2017 – 05/02/c＿＿1120905845. htm，最后访问时间：2019年4月18日。

不断升级对金融业的监管
——落实习近平总书记金融安全重要讲话精神系列述评之二

新华社记者　许　晟

中共中央政治局近日就维护国家金融安全进行第四十次集体学习。习近平总书记就维护金融安全提出六项任务，任务之一便是加强金融监管。

当前，我国已成为金融大国，相比于改革开放初期比较单一、狭窄的金融机构、金融业务，如今的银行业务范围不断扩大及非银行金融机构等不断增多，特别是互联网金融创新迭出，使我国面临的金融监管挑战越来越大。

加强金融监管是为了维护百姓权益。随着居民"资产配置"意识的不断增强，理财产品被越来越多普通百姓接受，但百姓金融风险防范意识尚有不足，一些金融机构铤而走险、打监管"擦边球"，甚至直接破坏法律法规的意图，损害百姓合法权益。我国加强监管就是要让百姓的"钱袋子"更安全。

加强金融监管是为了维护金融市场秩序。近年来，我国金融市场在快速发展的同时，也出现了一些破坏金融市场秩序的伪创新和规则破坏者，如若不加以严厉监管，势必会使市场中的"好人"受伤，影响整个金融市场稳定健康发展，金融市场功能难以发挥。只有金融市场秩序得到维护，金融才能更好地服务国民经济。

加强金融监管更是为了维护国家金融安全。我国金融市场发展到今天，经济社会的许多方面已经离不开金融市场的支持，一旦金融领域发生风险事件，就会牵动实体经济。加强金融的全局性监管，降低金融风险事件，有利于国家金融安全。

习近平总书记在提出任务时还强调，统筹监管系统重要性金融机构，统筹监管金融控股公司和重要金融基础设施，统筹负责金融业综合统计，确保金融系统良性运转，确保管理部门把握重点环节，确保风险防控耳聪目明，形成金融发展和监管强大合力，补齐监管短板，避免监管空白。

对系统重要性金融机构的监管是防范"大而不倒"机构风险事件于未然；对金融控股公司和重要金融基础设施的监管是为了织好金融安全网；统筹负责金融业综合统计则是为了准确掌握整个金融系统的信息和数据，做到对全局、对风险心中有数，为防控风险提供一幅全景地图。

三个统筹是我国金融业混业经营新趋势下的迫切要求。在机构层面，我国已有不少企业持有多种金融牌照，金融机构间相互投资现象普遍存在；在产品层面，相互嵌套的理财产品、影子银行等，同时包含银行、证券、保险、信托等多个要素，监管层理应彼此协调，多方面统筹，严控各环节风险。

种种迹象显示，金融业的监管正在加强。近期，银监会、证监会、保监会等监管部门相关负责人在多个场合向违法违规主体频频喊话，多个部门不断发文加强对金融重点领域、金融市场乱象的监管，监管部门间的合作明显增强。

目前，已经有部分不守规矩的市场主体受到相关处罚。证监会给资本市场"大鳄"鲜言开出高达 34.7 亿元的"史上最大罚单"，并终身禁入证券市场；前海人寿时任董事长姚振华被禁止进入 10 年等个案已有不少。从罚款金额上看，仅今年一季度，我国金融监管部门对违规机构的处罚金额已达数十亿元。

作为规范、管理、监督金融机构、金融业务、金融市场的必要手段，金融监管在金融活动产生后不久便应运而生。随着我国居民财富的增加，金融活动在国计民生中的影响越来越大，我们要着力升级监管能力和水平，更好地维护国家金融安全、促进经济发展、维护百姓合法权益。[1]

金融机构要切实承担起风险管理责任
——落实习近平总书记金融安全重要讲话精神系列述评之三

新华社记者　李延霞

中共中央政治局近日就维护国家金融安全进行集体学习。习近平总书记就维护金融安全提出六项任务，第一项就是深化金融改革，完善金融体系，推进金融业公司治理改革，强化审慎合规经营理念，推动金融机构切实承担风险管理责任。

金融机构切实承担风险管理责任，这一要求极具针对性和现实意义。风险管理是金融业经营的永恒主题。经过多年改革发展，我国金融业的实力大幅增强，但一些金融机构的风险防范意识和公司治理水平还存在不足。在追

---

[1]　http：//www.xinhuanet.com/2017-05/09/c__1120944665.htm，最后访问时间：2019 年 4 月 18 日。

求利润的冲动下，一些机构没有守住风险底线，激进经营，偏离主业，利用监管真空进行资金错配、加杠杆，有的通过表外、通道等方式规避监管，进入国家限制的领域，滋生了资产泡沫。

"打铁还需自身硬"，金融机构做好自身的事情是防范金融风险的根本，不能让本应是风险管控责任主体的金融机构成为风险之源。

要切实承担起风险管理责任，金融机构必须加强自身改革，完善公司治理结构，提高风险管理水平。当前，一些金融机构的公司治理还不完善，尤其是一些新兴的金融机构在风险意识、管理制度等方面存在问题，经营行为上忽视金融业发展规律和潜在风险。完善公司治理，尤其要从源头上入手，对股东准入、股东行为进行有效监管。

要切实承担起风险管理责任，金融机构必须转变经营模式、经营理念。在金融业改革发展的大背景下，转型、创新成为行业趋势，但无论怎样创新，都要以支持实体经济发展为核心。国际金融危机的教训证明，过于热衷金融衍生品的经营，不仅无益于金融业的自身发展，也会给实体经济带来伤害。当前，小微、三农等薄弱领域仍有很多金融需求没有得到满足。金融机构与其煞费苦心追求加杠杆、做通道、避监管，不如把心思花在通过产品和技术创新服务实体经济、服务普通百姓上。

要切实承担起风险管理责任，不仅需要金融机构的自律，外部的有效监管也必不可少。一些金融机构打监管"擦边球"，造成了风险隐患的积累。提高监管的反应速度和效率非常重要。监管部门要更加主动地防控金融风险，不能被动地跟在市场后面，要通过创新监管方式，提升监管能力和水平，让风险防控做到耳聪目明。

值得欣慰的是，各部门采取的一系列防范金融风险的政策效应已经显现，部分金融机构开始进行自我调整。数据显示，今年第一季度，银行同业和理财业务规模增速放缓，理财资金投向非标资产的比重也有所下降。

在当前整顿金融秩序的关键时期，金融机构应充分利用这一契机审视自身，在公司治理、经营理念、业务模式等方面进行深度变革，把稳健审慎的经营理念根植行业，正本清源、回归主业，以简单透明的产品和高效的服务，为实体经济发展提供有力支撑。[1]

---

〔1〕 http：//www. xinhuanet. com//politics/2017 - 05/04/c_ 1120919994. htm，最后访问时间：2019 年
4 月 18 日。

及时处置风险点，防止风险由"点"成"面"
——落实习近平总书记金融安全重要讲话精神系列述评之四

新华社记者　吴　雨

中共中央政治局近日就维护国家金融安全进行第四十次集体学习。习近平总书记就维护金融安全提出六项任务，其中之一就是采取措施处置风险点。

千里之堤溃于蚁穴，维护金融安全不能忽视一个风险，不能放过一个隐患。尽管我国金融形势总体良好，金融风险可控，但在国际国内不确定性因素综合影响下，我国金融发展仍然面临不少风险和挑战。

去年年底召开的中央经济工作会议指出，要把防控金融风险放到更加重要的位置，下决心处置一批风险点。今年的政府工作报告提出，对不良资产、债券违约、影子银行、互联网金融等累积风险要高度警惕。可见，处置风险点的任务仍然艰巨。

维护金融安全首先要处置存量风险，防止风险由"点"扩散成"面"，酿成重大风险问题。这要求监管部门对现存的风险点要做到心中有数。

在2019年第一季度经济金融形势分析会上，银监会已将房地产融资、交叉金融业务、理财销售、网络借贷平台等作为风险防控的重点领域。证监会今年专项执法行动将继续打击虚假陈述、内幕交易和操纵市场等传统违法违规行为。保监会也在资本不实、公司治理乱象、资金运用乱象等八个方面部署了专项整治工作。

比起后期处置，前期风险防范更重要。无论金融机构还是监管部门都要未雨绸缪，控制增量风险。一方面，监管机构要全面排查风险，列出清单，逐一整改；另一方面，各金融机构要严格开展风险自查及"上对下"抽查，对于查出的问题和责任人要严肃处理。金融市场的风险排查往往内容上有交叉，对象上有重合，因此，监管部门需做好统筹谋划，落实责任，形成合力。

防控金融风险要规范金融创新。在金融机构纷纷"触网"、互联网机构对金融"跃跃欲试"的背景下，不能放松对互联网金融风险的摸排和查处。随着互联网金融专项整治工作稳步推进，行业发展正逐渐回归理性，但仍需要进一步明确业务边界、监管规则，建立风险监测系统和长效机制，严厉打击互联网金融领域各类违法犯罪行为。

防范化解风险的根本途径是积极主动地推进改革。在守住不发生系统性金融风险底线的同时，要加快金融领域尤其是金融监管体制机制改革。只有全面深化改革才能有效破除风险和困难背后的体制根源，通过金融改革创造一个稳定、安全的金融环境。[1]

让金融监管为金融发展保驾护航
——落实习近平总书记金融安全重要讲话精神系列述评之五

新华社记者　刘　慧

中共中央政治局近日就维护国家金融安全进行集体学习。习近平总书记指出，要形成金融发展和监管强大合力，补齐监管短板，避免监管空白。

金融监管与金融活动相伴而生。金融发展通过不断探索创新为全球经济注入活力，金融监管则通过规范各方行为、打造健康生态致力于同一目标，为金融发展保驾护航。

在金融系统运转良好时，每当金融发展先"迈出一步"，金融监管定会"紧跟一步"，二者良性互动，促进资源优化配置。但如果创新和发展出现"野蛮生长"，监管不能及时跟上，就会积累金融风险，带来猝不及防的问题，进而羁绊进一步发展。纵观人类金融活动的历史，国内外都有过这方面的教训。

当前，我国已成为重要的世界金融大国。从国内看，金融在经济发展和社会生活中的重要地位和作用日益凸显；从国际看，金融领域的国际竞争与各国金融安全高度关联，国内外形势都要求我们从金融大国向金融强国坚定迈进。从大国到强国，离不开有效金融监管的保驾护航。

在这个过程中，监管必须跟上金融发展的步伐，补齐监管短板，避免监管空白，防范金融风险，形成综合、系统、穿透、统筹的监管大格局。

金融监管保驾护航要制定"游戏规则"，避免"丛林法则""真空地带"。金融市场结构复杂、参与者众多，金融监管要在顶层设计完善"游戏规则"，才能让每个参与者在扮好自己角色、坚守行为底线的同时，得到公正平等的市场机会。金融市场的运行规则从来不是弱肉强食的"丛林法则"，也不允许

---

〔1〕 http://www.xinhuanet.com//2017-05/05/c_1120927138.htm，最后访问时间：2019年4月18日。

存在游离于监管之外的"真空地带"。

金融监管保驾护航要加强各个领域的合作互动。规范金融发展，防范和化解金融风险不仅需要金融监管部门的努力，也离不开各级地方政府、司法部门和其他部门的支持，要形成"全国一盘棋"的金融风险防控格局。在严监管的过程中，金融监管部门之间、金融监管部门与其他政府部门、金融监管部门与司法领域的相关合作正在逐步推进，重拳治理金融乱象的效果初显。

金融监管保驾护航要统一监管标准，形成监管合力。近年来，我国金融发展迅猛，呈现跨境、跨市场金融活动日益频繁，金融创新越发复杂多元等新特点，金融风险容易"交叉感染"。分业监管体系下，不同的行业监管标准已经无法满足新的监管需求。在混业经营的新趋势下，"车同轨、书同文"的统一监管标准才是补齐监管短板、避免监管空白的题中应有之义。近期，央行牵头的大资管行业统一监管办法正在研究制定，这是形成监管合力的有效实践。

放眼全球，中国金融市场经历了短短几十年发展，取得巨大成就，成绩有目共睹。但相比海外成熟市场，我国金融市场还有很大的发展与完善空间。面对金融发展中日益复杂的新情况，金融监管要应对的新挑战难度逐步升级。如何借鉴成熟经验，为我所用，需要中国智慧。只有打破监管分散发力现状，凝聚各个金融市场协同发展、统筹监管的共识，中国才能在迈向金融强国的道路上坚定前行。[1]

上下合力共同维护好国家金融安全
——落实习近平总书记金融安全重要讲话精神系列述评之六

新华社记者 刘开雄

中共中央政治局近日就维护国家金融安全进行集体学习。习近平总书记指出，地方各级党委和政府要按照党中央决策部署，做好本地区金融发展和稳定工作，做到守土有责，形成"全国一盘棋"的金融风险防控格局。

---

[1] http://www.xinhuanet.com//fortune/2017-05/07/c__1120931757.htm，最后访问时间：2019年4月18日。

长期来看，较为成熟的金融体系和多元化的金融业态能有效降低企业融资成本，提高市场经济运行效率，丰富人民群众的投资渠道，将社会资金有效地转化为生产资本，推动经济的发展。

然而，在这个过程中，不仅要有自上而下的严监管和自下而上的机构自律，还需要各级地方严格遵守市场规律，守好金融发展的底线，维护好本地区的金融发展和稳定工作，从而使维护金融安全工作上下合力，齐抓共管，形成"全国一盘棋"的金融风险防控格局。

从近几年实践中不难看出，一个良好地方金融生态能让地方经济如沐春风快速发展，反之则是因噎废食，不仅让地方经济失去了外部血源，更影响了地方经济的品牌建设和市场信用，而最受伤害的还是广大人民群众和实体企业。

习近平总书记指出，提高领导干部金融工作能力，领导干部特别是高级干部要努力学习金融知识，熟悉金融业务，把握金融规律，既要学会用金融手段促进经济社会发展，又要学会防范和化解金融风险，强化监管意识，提高监管效率。

当前，各级地方政府正在积极建设地方金融生态系统，但良好的地方金融生态不是靠金融机构的数量填充，而是凭借完善的监管措施和配套服务去赢得金融市场的信任和支持。各级地方政府必须强化大局观，充分认识到金融市场"用脚投票"的现实，充分认识到发展地方金融面临的风险，要坚持底线思维，坚持问题导向。

我们必须看到，当前有一些所谓的"地方金融"仍游走于监管边缘。例如，各类地方交易场所经营中涉及的比如期货问题及违规发行不受监管的金融产品等。严监管，不仅是专业监管部门的事情，也是地方政府必须履行的责任和义务。对待非法集资、金融诈骗，以及变相高利贷等违法违规案件，更需要地方政府以积极严肃的态度妥善处理。

不忘初心，砥砺前行。金融业本质上是以信用为基石的特殊行业。从顶层设计到地方落实，从市场监管到机构自律，只有坚持"全国一盘棋"的风险防控原则，才能确保金融系统沿着正确的方向发挥其应有的功能——为经济加油，为实体助力，为百姓添富。[1]

---

[1] http://www.xinhuanet.com//politics/2017-05/08/c_1120938661.htm，最后访问时间：2019年4月18日。

引导金融活水更好地浇灌实体经济
——落实习近平总书记金融安全重要讲话精神系列述评之七

新华社记者 谭谟晓

中共中央政治局近日就维护国家金融安全进行集体学习。习近平总书记就维护金融安全提出六项任务，任务之一便是为实体经济发展创造良好的金融环境，疏通金融进入实体经济的渠道。

金融是现代经济的核心，是资源配置和宏观调控的重要工具，更是推动经济社会发展的重要力量，必须充分认识金融在经济发展和社会生活中的重要地位和作用。

金融因顺应实体经济需要而产生。金融业的发展历史，就是不断改进和提升服务实体经济能力的过程。

近几年，中国金融业改革开放不断深化，积极稳妥推进金融创新，金融对实体经济的支持力度加大，资金结构流向更趋合理，成为提升中国经济"新气质"的有力支撑。但需要看到的是，金融业在一定程度上出现"脱实向虚"倾向，服务实体经济的质效有待进一步提升。

金融的使命是服务好实体经济，我国处在经济转型升级、新旧动能转换的关键时期，实体经济的发展，迫切需要一个良好的金融环境。

金融把钱用在"刀刃"上，企业才能有获得感，实体经济才能获得更多源头活水。这就需要疏通金融进入实体经济的渠道，通过加强信贷政策指引，鼓励金融机构加大对先进制造业、小微企业等重点领域和环节的资金支持，提高资金的可获得性，降低融资成本。

要服务好实体经济，需积极规范发展多层次资本市场，扩大直接融资。目前中国总体金融结构仍以银行间接融资为主，资本市场制度尚不完善，直接融资占比仍然偏低。要完善主板市场基础性制度，积极发展创业板、新三板，规范发展区域性股权市场，以合格机构投资者和场外市场为主发展债券市场，形成包括场外、场内市场的分层有序、品种齐全、功能互补、规则统一的多层次资本市场体系，为扩大直接融资创造更好条件。

要服务好实体经济，金融机构要突出主业、下沉重心，发挥其固有的价格发现、风险管理、资金配置等优势，坚决防止"脱实向虚"。其中，大中型商业银行要设立普惠金融事业部，丰富金融产品供给，为实体经济"解渴"；保险机构则应发挥保险资金规模大、期限长、来源较为稳定的优势，做实体经济的稳定器和助推器。

让金融活水更多、更好地流入实体经济，在促进经济茁壮成长的同时，也会促进金融回归本源，有效防控风险，确保行业平稳健康发展。二者相得益彰，互促共生。

金融活，经济活；金融稳，经济稳。服务实体经济是金融业发展和改革的出发点和落脚点，金融各行各业要积极把社会资金引导到实体经济上去，持续向振兴实体经济发力、聚力，提升金融业服务实体经济的质量和效率。[1]

---

〔1〕 http://www.xinhuanet.com/2017-05/09/c__1120944665.htm，最后访问时间：2019 年 4 月 18 日。

附录二 《中国金融》| 包明友：
完善新时代反洗钱制度体系的重要举措

作者系中国人民银行反洗钱局局长

党的十八大以来，以习近平同志为核心的党中央多次就反洗钱工作作出重要指示批示，为完善新时代反洗钱制度体系、坚定不移走好中国特色反洗钱之路指明了方向。中央金融工作会议对加强金融法治建设、及时推进金融重点领域和新兴领域立法作出决策部署。反洗钱是建设中国特色社会主义法治体系和现代金融监管体系的重要内容，反洗钱法律制度是金融法治的重要组成部分。人民银行坚决贯彻落实党中央决策部署，推动加快修订《反洗钱法》，不断完善新时代反洗钱制度体系。

反洗钱事业发展取得历史性成就

在党中央集中统一领导下，人民银行统筹推进反洗钱法律制度、工作机制、预防体系、打击犯罪、国际合作等各项工作，我国的反洗钱事业实现了从跟随国际标准到部分领域领先的历史性转变，反洗钱工作实现了从"规则为本"向"风险为本"的根本性转变，反洗钱制度体系建设取得历史性成就。

坚持和加强党的全面领导。加强党中央对反洗钱工作的集中统一领导，是做好反洗钱工作的根本保证。习近平总书记主持中央全面深化改革领导小组第三十四次会议审议通过《关于完善反洗钱、反恐怖融资、反逃税监管体制机制的意见》（以下简称《意见》），明确指出反洗钱是建设中国特色社会主义法治体系和现代金融监管体系的重要内容，是推进国家治理体系和治理能力现代化、维护经济社会安全稳定的重要保障，是参与全球治理体系、扩大金融业双向开放的重要手段。人民银行坚决贯彻落实《意见》要求，做好修订反洗钱法律制度、完善反洗钱工作机制及应对反洗钱国际评估等重要工作。

不断健全反洗钱法律体系。2007 年现行《反洗钱法》开始实施，我国反洗钱工作步入法治化轨道。2015 年颁布《反恐怖主义法》，对反恐怖主义融资监管职责等进行规定。1997 年修订的《刑法》中增加了洗钱罪，此后根据打击洗钱和恐怖融资活动需要，先后 6 次修订洗钱和资助恐怖活动犯罪有关条款，解决了洗钱上游犯罪范围较窄、自洗钱入罪等问题，履行了我国加入一系列国际公约的义务。人民银行单独或会同有关部门先后制定并发布了《金融机构反洗钱规定》《金融机构大额交易和可疑交易报告管理办法》《金融机构反洗钱和反恐怖融资监督管理办法》《受益所有人信息管理办法》等规章和规范性文件，不断健全反洗钱法律制度体系。

不断完善反洗钱工作机制。反洗钱工作涉及立法、司法、执法、监管、外交等多个方面，需要坚持系统观念和大局意识，不断加强工作统筹协调。2003 年，人民银行开始承担组织协调国家反洗钱工作职责，牵头负责反洗钱工作部际联席会议工作，在各成员单位的支持下，逐渐形成了"人民银行牵头、各成员单位分工负责"的反洗钱工作机制。联席会议设立以来，对监管、执法、国际合作等一系列反洗钱重点工作进行了研究、协调和部署。同时，由人民银行分支机构牵头，在地方层面普遍成立了反洗钱联席会议，协调推进各地反洗钱监管和打击洗钱犯罪工作，反洗钱工作协调机制进一步完善。

不断加强反洗钱监督管理。习近平总书记强调，要全面加强金融监管，防范化解金融风险。人民银行反洗钱部门坚持"强监管""严监管"主基调，综合运用多种监管手段，对反洗钱义务机构开展针对性督促指导，强化对高风险机构和高风险业务的反洗钱监管，不断提升义务机构反洗钱工作水平。2020 年至 2022 年"反洗钱执法检查三年规划"期间，人民银行共对 1783 家义务机构开展现场检查，实现了对 75 家银行、证券、保险和支付行业头部机构的检查全覆盖；完成反洗钱处罚 1356 项，罚款总额 13.7 亿元。"严监管"的威慑和警示作用不断加强，义务机构反洗钱工作针对性和有效性不断提高。

不断加大洗钱活动打击力度。人民银行反洗钱部门坚持以人民为中心的反洗钱工作价值取向，积极履行反洗钱资金监测和调查职责，会同有关部门严厉打击影响人民群众财产安全的各类洗钱犯罪，维护人民群众财产安全。2007 年以来，人民银行反洗钱部门累计向有关机关移送线索 4.57 万份，提供金融情报 5.85 万批次，协助有关机关开展反洗钱调查涉及案件约 3 万起。人民银行反洗钱部门积极参与扫黑除恶、反恐怖融资、反腐败、禁毒、反逃税、打击地下钱庄、打击电信网络诈骗以及跨境赌博等执法行动，取得积极进展。2022 年，人民银行、公安部牵头多部门联合印发《打击治理洗钱违法犯罪三年行动计划（2022—2024年)》，进一步加大打击洗钱犯罪力度。

不断深化反洗钱国际合作。人民银行反洗钱部门坚持统筹金融开放和安全，积极参与反洗钱国际治理，不断深化反洗钱国际合作，讲好"中国故事"，分享"中国智慧"。人民银行代表我国政府先后担任亚太反洗钱组织（APG）联合主席、欧亚反洗钱和反恐怖融资组织（EAG）主席、金融行动特别工作组（FATF）主席，长期担任FATF指导委员会成员，深度参与反洗钱国际规则制定。派员参与对韩国、丹麦、越南等十多个国家的反洗钱国际评估和国际合作审查。持续深化反洗钱双边合作，与阿根廷、澳大利亚等国家签署监管谅解备忘录，与61个国家和地区的金融情报机构签署谅解备忘录。

新时代对反洗钱制度体系建设提出更高要求：

中央金融工作会议提出要推动金融高质量发展，加快建设金融强国。健全反洗钱制度体系是完善现代金融监管体系的重要内容，是推动金融高质量发展的重要方面。新时代推动反洗钱工作高质量发展，需要尽快完成修订《反洗钱法》，夯实完善反洗钱制度体系的基础。

一是建设金融强国对反洗钱制度体系建设提出更高要求。习近平总书记强调，建设金融强国必须具备包括"强大的金融监管"在内的一系列关键核心要素。当前，反洗钱工作范围已经扩展到反恐怖融资、防扩散融资、法人透明度和受益所有人等广泛领域，主要国家将反洗钱工作提高到国家战略高度加以谋划，以完善的反洗钱监管服务于建设强大的金融体系。无论是传统犯罪还是新兴网络犯罪，大多都与资金密切相关，需要利用金融体系转移资金和清洗犯罪所得。反洗钱资金监测和调查是预警、追踪、切断违法犯罪活动资金流动的重要手段，有利于追缴犯罪所得，维护金融安全。反洗钱尽职调查、受益所有人等要求提高了交易主体进入金融体系的透明度，维护交易主体及其交易的真实性、规范性，促进交易主体之间的信息对称和互信，有利于提高金融体系效率。通过修订《反洗钱法》，进一步完善反洗钱概念、健全客户尽职调查要求、增加受益所有人等规定，将更好地发挥反洗钱在建设金融强国中的作用。

二是防范化解金融风险需要更好发挥反洗钱制度体系作用。防范化解金融风险是金融工作的永恒主题。当前，我国金融领域风险隐患仍然较多，虚拟资产、数字经济等新技术、新业态、新通道与电信网络诈骗、网络赌博、地下钱庄等传统上游犯罪叠加，进一步增加了相关洗钱活动的隐蔽性和复杂性，防范和打击难度更高，对维护金融安全构成挑战。反洗钱工作要求金融机构合规经营，做好对洗钱风险的监测、识别、评估、判断，并采取必要的风险管理措施，为金融体系编织一张"反洗钱安全网"。通过修订《反洗钱法》，进一步确立风险为本理念、完善监管协调和信息共享机制、强化金融机构反洗钱义务，有利于更好地发挥反洗钱在防范化解金融风险中的作用。

三是统筹金融开放与安全需要尽快完善反洗钱制度体系。当前，世界之变、时代之变、历史之变正以前所未有的方式展开，需要更好地统筹国内国际两个大局，以高水平开放促进高水平安全，以高水平安全保障高水平开放。一方面，反洗钱是国际金融市场的通行要求，我国金融业要想更好地"走出去""引进来"，建立完备的反洗钱制度体系是重要前提，反洗钱工作水平将直接影响我国金融机构在全球市场中的竞争力。另一方面，反洗钱国际组织将在 2025 年对我国启动新一轮评估。从目前情况看，新一轮评估标准更高、难度更大。面对日益复杂的反洗钱工作形势和不断升级的国际标准，世界主要国家或经济体纷纷通过修订法律以加强反洗钱工作，例如，美国和欧盟分别通过《2020 年反洗钱法案》和《欧盟反洗钱第六号指令》；印度、日本、南非等 60 多个国家也正在修订反洗钱法律。为做好应对新一轮反洗钱国际评估准备工作，我国需要尽快修订《反洗钱法》，在"以我为主"的基础上对标国际标准，完善反洗钱法律制度，牢牢守好金融开放的安全底线，做到既能"放得开"，又能"管得住"。

完善新时代反洗钱制度体系的重要举措：

修订《反洗钱法》是贯彻习近平法治思想、习近平总书记关于金融工作论述的必然要求，是完善新时代反洗钱制度体系的重要举措。2024 年 4 月 23 日，十四届全国人大常委会第九次会议对《反洗钱法（修订草案）》（以下简称修订草案）进行了初次审议。《反洗钱法》修订工作坚持正确政治方向，规定反洗钱工作应当贯彻落实党和国家路线方针政策、决策部署，体现反洗钱工作的政治性和人民性；坚持问题导向，按照"风险为本"原则强化反洗钱监管，合理确定相关各方义务，避免增加不必要的社会成本；坚持总体国家安全观，把维护国家安全贯穿反洗钱工作各方面、全过程，保障国家利益以及我国公民、法人的合法权益。

一是完善反洗钱概念，准确把握反洗钱工作范围。现行《反洗钱法》中的反洗钱概念仅针对预防《刑法》第一百九十一条列举的七类上游犯罪带来的洗钱活动，但 2006 年以来，《刑法》经过多次修订，特别是将第三百一十二条"窝赃罪"修改为"掩饰、隐瞒犯罪所得、犯罪所得收益罪"后，我国洗钱上游犯罪包含所有能够产生犯罪所得的犯罪。因此，修订草案不再具体列举上游犯罪类型，明确反洗钱是指为了预防和遏制通过各种方式掩饰、隐瞒犯罪所得及其收益的来源和性质的洗钱活动，以及相关犯罪活动，依照本法规定采取相关措施的行为。完善反洗钱内涵和外延，既符合国际条约和反洗钱国际标准中有关洗钱上游犯罪的要求，也为更好地发挥反洗钱在国家治理中的作用消除法律障碍。

二是确立风险为本工作方法，提升反洗钱工作有效性。风险为本的工作方法是根据洗钱风险的大小和分布决定反洗钱资源的投入和分配，确保有限的反洗钱资源优先投入高风险领域、机构、业务和产品，以有效应对真正的风险。修订草案规定国务院反洗钱行政主管部门开展或者会同有关部门开展国家、行业洗钱风险评估，根据风险状况合理配置监管资源，采取适当的风险防控措施；要求金融机构评估洗钱风险状况并制定相应的风险管理措施，配备相应的人力、技术等资源。确立风险为本的反洗钱工作方法，既是促进我国与反洗钱国际标准接轨的一项重要任务，也是提升反洗钱工作有效性的实际需要。

三是明确反洗钱监管分工，提高监管效率。修订草案规定国务院反洗钱行政主管部门承担金融业反洗钱监管的主要职责，其他金融管理部门在金融机构市场准入时做好反洗钱审查，内容包括金融机构股东背景、高管是否适任等。在特定非金融机构监管方面，修订草案规定有关特定非金融机构主管部门监督检查特定非金融机构履行反洗钱义务情况，根据需要提请反洗钱行政主管部门协助。对监管分工的明确规定，有利于反洗钱行政主管部门和各行业主管部门各司其职、协同配合，进一步提升监管效率。

四是建立受益所有人信息报送制度，助力优化营商环境。近年来，受益所有人透明度成为联合国、二十国集团（G20）等国际组织关注的重要议题，成为世界银行营商环境评估、联合国《反腐败公约》履约审议以及反洗钱国际评估的重要内容。修订草案明确受益所有人概念，规定法人和非法人组织应当保存并向登记机关如实提交、更新受益所有人信息，并对受益所有人信息的查询、使用作出规定。这是我国市场透明度与国际接轨的重要标志，是落实世界银行营商环境评估要求的重要举措，将对优化我国营商环境，实现穿透式监管发挥重要作用。

五是加强对新型洗钱风险的监测防控，提高反洗钱工作水平。近年来，洗钱风险形势随着经济社会发展不断变化，涉及虚拟资产、非法网络平台等新型洗钱风险层出不穷，社会各方面也呼吁通过修订《反洗钱法》加以管理。为此，修订草案从国家和金融机构两方面作出规定：其一是规定国务院反洗钱行政主管部门会同国家有关机关开展风险评估，及时监测新型洗钱风险，根据风险状况配置监管资源，采取相应的风险防控措施；其二是规定金融机构应当关注、评估运用新技术、新产品带来的洗钱风险，采取风险管理措施。

六是对其他单位和个人提出合理反洗钱要求，凝聚反洗钱社会共识。当前，电信网络诈骗、非法集资等各类上游犯罪带来的洗钱活动较为猖獗，实践中，不少单位和个人因不了解洗钱后果或为牟利而出租出借银行账户，出售身份证代为开户、转账等，为不法分子提供了洗钱便利，也给人民群众带来财产损失等困扰。预防和遏制洗钱以及相关犯罪活动，不仅是政府部门的法定职责，也是金融机构和特定非金融机构的法定义务，更是每个社会公众的共同责任，有必要发挥法律的规范作用，增强社会公众反洗钱意识，自觉远离、抵制洗钱及相关犯罪活动。为此，修订草案按照最小、必要原则对金融机构和特定非金融机构以外的单位和个人规定了反洗钱要求，包括应当配合开展客户尽职调查、不得为洗钱活动提供便利等。

七是建立特别预防措施制度，维护国家安全。修订草案建立特别预防措施制度，规定单位和个人应停止与有关组织和人员进行交易，限制相关资金资产转移等，其对象包括我国反恐怖主义工作领导机构认定的恐怖活动组织和人员，联合国安理会针对恐怖主义和大规模杀伤性武器扩散作出制裁决议所列明的个人和实体，以及具有重大洗钱风险、不采取措施可能导致严重后果的人员。反洗钱特别预防措施既是打击遏制恐怖主义活动，防止大规模杀伤性武器扩散，维护国家安全、社会公共利益和金融秩序的重要手段，也是我国履行联合国安理会相关金融制裁决议等国际义务的需要。社会公众在日常生活中一般不会涉及与制裁人员交易，因此不会带来额外社会负担。此外，修订草案还规定了本法的域外适用效力，完善了法律责任、反洗钱调查等规定。

下一步，人民银行将坚决贯彻党中央、国务院决策部署，落实中央金融工作会议要求，根据全国人大常委会审议情况，积极配合全国人大常委会法工委进一步完善修订草案，研究制定配套规章，高质量建设新时代反洗钱制度体系。

附录三 专家解读《中国反洗钱和反恐怖融资互评估报告》：继续推动中国反洗钱和反恐怖融资工作向纵深发展

当前，反洗钱和反恐怖融资工作已经成为防控金融风险、维护金融安全的重要载体。

2019 年 4 月 17 日，金融行动特别工作组（FATF）公布了《中国反洗钱和反恐怖融资互评估报告》，主要包括国家风险和政策协调、监管和预防措施、执法、国际合作和定向金融制裁等内容。报告充分认可近年来中国在反洗钱和反恐怖融资工作方面取得的积极进展，认为中国的反洗钱和反恐怖融资体系具备良好基础，但同时也存在一些问题需要改进。

针对这份专业性很强的评估报告，《金融时报》记者采访了多位专家，对报告进行全面深入的解读和评价。

反洗钱和反恐怖融资协调机制获肯定

丝路基金有限责任公司董事总经理刘争鸣介绍称，报告高度评价中国国家风险评估和政策协调机制，认为其成效达到了较高水平。报告指出，中国自 2002 年成立反洗钱工作部际联席会议以来，建立了包括威胁评估、专项评估、风险研究等在内的多层次洗钱和恐怖融资风险评估体系，并以此为基础制定和实施了国家反洗钱和反恐怖融资战略政策。2016—2017 年，人民银行牵头反洗钱工作部际联席会议开展了国家洗钱和恐怖融资风险评估，并向相关政府部门和义务机构发布了《中国洗钱和恐怖融资风险评估报告（2017）》。该报告也成为国际评估组理解中国洗钱和恐怖融资风险状况的基础。2017 年，国务院发布了《关于完善反洗钱、反恐怖融资、反逃税监管体制机制的意见》，将反洗钱和反恐怖融资工作提升到国家战略高度，这标志着中国实践了 FATF 倡导的"风险为本"（Risk－based Approach）反洗钱策略。

同时，报告还高度评价中国的反洗钱和反恐怖融资协调机制，认为人民银行牵头 23 个部委共同组成的反洗钱工作部际联席会议运作有效，在国家风险评估、战略制定及落实行动方面取得了显著成果。长期以来，人民银行等各反洗钱职能部门践行"风险为本"原则，监管部门根据风险评估结果及时调整监管政策和措施，执法部门采取专项行动的方式集中打击洗钱以及地下钱庄、电信诈骗、非法集资等重大犯罪，有效遏制了重点领域的洗钱和恐怖融资风险。

金融行业反洗钱和反恐怖融资监管进展积极

在金融行业的监管和预防措施方面，工商银行总行法律合规部时任副总经理廉何表示，报告肯定了中国金融行业反洗钱和反恐怖融资监管工作取得的积极进展。报告认为，中国建立了较为完善的反洗钱和反恐怖融资监管制度体系。人民银行对金融行业洗钱和恐怖融资风险状况有充分理解，对金融行业的监管基本遵循"风险为本"原则，重点监管银行机构，并根据风险合理调配监管资源；基于对金融机构的风险评估和分类评级，采取了相应的监管和处罚措施，罚款总金额逐年上升。金融行业主管部门在反洗钱监管中也发挥了支持和配合作用。人民银行还督促金融机构针对监管发现的问题切实整改，促进金融机构提升风险认识和合规管理。

同时，评估报告也认可中国金融机构和非银行支付机构对反洗钱和反恐怖融资义务有充分认识，认为其能够在监管部门指导下了解洗钱和恐怖融资威胁，建立内部控制机制，在代理行、新技术、电汇等方面采取了较为完善的尽职调查措施，可疑交易报告工作比较有效。

但报告也指出，相对中国金融行业资产的规模，反洗钱处罚力度仍有待提高。金融机构和非银行支付机构对洗钱和恐怖融资风险的理解还不充分，风险控制措施不足。中国对网络借贷机构的监管以及网络借贷机构在风险认识和风险控制方面存在欠缺。

针对报告指出的问题，廉何认为，中国应当重视并加强对高风险行业和机构的监管，强化金融行业监管合作，加大对违规机构的处罚力度，督促金融机构、非银行支付机构和网络借贷机构尽快提高合规和风险管理水平。

特定非金融行业相关监管尚未实质性开展

报告指出，中国对特定非金融行业反洗钱和反恐怖融资监管缺失。行业主管部门对特定非金融机构的风险认识不足，监管制度也不健全，且未采取有效的监管和处罚措施。特定非金融机构尚未认识到其面临的洗钱和恐怖融资风险以及需要承担的反洗钱和反恐怖融资义务，未实施有效的风险控制程序和措施，可疑交易报告数量极少，相应拉低了中国反洗钱和反恐怖融资预防措施的整体成效。

中国房地产估价师与房地产经纪人学会副秘书长王霞表示，中国实际上已经出台部分特定非金融机构（例如，房地产、会计师、贵金属）反洗钱和反恐怖融资制度，在制度建设方面取得了一定进展[1]，但正如报告指出的那样，在监管成效上存在欠缺。下一步，中国亟须进一步完善特定非金融机构反洗钱和反恐怖融资制度，加大监管力度，督促特定非金融机构全面履行反洗钱义务，落实风险管理，补齐这块"短板"，这有助于有效提升中国反洗钱和反恐怖融资的整体水平。

受益所有权透明度引关注

近年来，国际社会高度关注法人和法律安排的受益所有权（Beneficial Ownership）信息的透明度。

中国互联网金融协会法律部主任鲁政表示，所谓受益所有权，即对法人或法律安排（如信托等）享有最终收益或能够实施有效控制的权力。随着反洗钱体系的完善，不法分子开始利用复杂股权、所有权及控制权关系操纵企业法人或信托等法律安排从事洗钱犯罪活动，隐藏幕后的受益所有人。近年来，国际社会推动各国提高受益所有权透明度，使执法机关能够穿透法人和法律安排架构，追踪资产的最终去向。本轮 FATF 互评估也将此作为重要内容之一。

报告肯定了中国在提高法人受益所有权透明度方面的积极努力。中国评估了不同类型法人的洗钱和恐怖融资风险。采取 FATF 标准规定的"组合机制"获取法人受益所有权信息：一是通过反洗钱义务机构的客户尽职调查，识别、核实并保存法人的受益所有权信息；二是通过国家企业信用信息公示系统公开法人基本信息，并以此为基础穿透获取受益所有权信息。

但报告也指出，中国缺少集中统一的受益所有权信息登记系统，影响主管部门直接查询或立即获取全面、准确的受益所有权信息。同时，中国法人基本信息的准确性和反洗钱义务机构的客户尽职调查水平也影响了中国受益

---

[1] 来源：中国金融新闻网专家解读《中国反洗钱和反恐怖融资互评估报告》：继续推动中国反洗钱和反恐怖融资工作向纵深发展，http://www.financialnews.com.cn/gc/sd/201904/t20190419_158505.htm。

所有权信息"组合机制"的成效。

鲁政表示，客观来说，受益所有权是中国近年来从国际上新引入的概念，政府部门、义务机构甚至社会公众都存在一个从认识、接受到应用的过程。要达到 FATF 国际标准的要求，需要建立更加完善的配套法律制度，还需要各有关部门和社会公众的共同努力。

专项打击洗钱犯罪力度有待加强

在使用金融情报、打击洗钱犯罪、没收犯罪收益、打击恐怖融资犯罪等反洗钱和反恐怖融资执法方面，报告也对中国的做法给予了积极和较高评价。例如，报告肯定中国为适应打击洗钱的需要，不断修改洗钱犯罪立法，并建立了较为完善的反洗钱刑事法律体系。执法机关拥有充分资源和能力，能够对洗钱犯罪采取有效的打击措施。对于无法直接以洗钱罪起诉定罪的犯罪嫌疑人（包括"自洗钱"行为），可以通过上游犯罪定罪处罚。党的十八大以来，中国打击腐败、非法集资、贩毒等洗钱上游犯罪取得了很大成效。此外，中国还采取违法所得特别没收程序、行政处罚、政党纪律处分等一系列替代措施，全方位打击洗钱犯罪。通过对洗钱及其上游犯罪的打击，洗钱风险得到了一定遏制。

同时，报告也指出，刑法对"自洗钱"行为不单独定罪，该做法不符合 FATF 国际标准。中国执法部门需要提高对反洗钱工作的认识，改变当前"重上游犯罪，轻洗钱犯罪""重掩饰隐瞒犯罪所得罪，轻洗钱罪"的打击思维和做法。中国上游犯罪数量巨大，但直接以洗钱罪调查惩处地下钱庄、贪腐、法人洗钱的案件相对较少，对洗钱犯罪主观明知的标准过高，影响了进一步提升打击洗钱犯罪的成效。

北京大学法律系教授王新表示，从报告来看，中国近几年在打击贪污腐败、非法集资、贩毒制毒等洗钱上游犯罪方面取得了重大成效，但是在专项打击洗钱犯罪方面力度不够，这些意见值得执法部门重视并加以改进，报告提出的自洗钱等法律问题也值得法学界进一步研究。

报告肯定了中国金融情报工作取得的积极成效，同时指出，中国执法部门对金融情报的使用多集中于上游犯罪案件调查，运用金融情报驱动洗钱及恐怖融资犯罪调查尚不充分。中国金融情报中心各组成部分在金融情报共享、基于完整金融情报开展线索分析方面有待完善。

"客观分析，评估报告对 FATF 评估方法的适用存在一定偏差，过于强调金融情报中心的结构，忽视了中国执法机关运用金融情报取得的大量实际成果。"王新强调，金融情报中心的结构需要考虑各国国情，中国地域广、人口多、执法部门分布在全国各地，中国采用非集中化的金融情报中心模式符合国情和实际工作需要。下一步，中国应进一步充分运用金融情报，加大打击洗钱及恐怖融资犯罪力度。

"天网"行动"猎狐"行动成效显著

在国际合作方面，评估报告认为中国在反洗钱和反恐怖融资国际合作方面具有较为完备的法律框架。中国加入了《维也纳公约》《巴勒莫公约》《联合国反腐败公约》《制止向恐怖主义提供资助的国际公约》，国内法律机制全面落实了公约要求。中国建立了司法协助和引渡工作机制，并通过执法、监管以及金融情报交换等渠道广泛开展国际合作，特别是警务合作和金融情报交换取得积极成效。近年来，中国开展了"天网"行动和"猎狐"行动，从境外追回了大量外流的犯罪资产，有力证明了中国追缴犯罪所得的决心。

在涉恐定向金融制裁方面，2016年中国颁布了《中华人民共和国反恐怖主义法》，为建立健全涉恐定向金融制裁体系奠定了法律基础。同时，评估报告也指出目前中国定向金融制裁体系存在的主要问题有冻结涉恐资产的义务主体没有扩展到所有法人和自然人（目前仅限于金融机构和特定非金融机构）、没有明令禁止境内实体和自然人与制裁对象进行交易、对执行联合国安理会定向金融制裁的法律依据不充分且时效性较差等。

在防扩散定向金融制裁方面，评估报告肯定中国为执行联合国安理会防扩散制裁决议所作出的大量工作，认为这些工作降低了扩散融资的总体风险。例如，中国建立了跨部委机制对敏感物项进行出口管制，积极运用联合国安理会制裁机制和刑事手段打击违反出口管制的行为。人民银行制定了执行定向金融制裁的规则，指导培训金融机构，以提高其理解能力和合规水平，并采取监督检查和处罚措施督促其有效执行。中国金融机构利用金融科技手段进行名单筛查有一定积极作用。同时，中国在执行联合国安理会防扩散和涉恐定向金融制裁方面也存在相同的问题，包括法律规定上的义务主体、资产范围和义务内容不全面，国内转发决议机制存在时滞等。

"中国通过立法、执法、海关、贸易、金融、运输等多种渠道全方位执行联合国安理会定向金融制裁决议，从整体上有效控制了恐怖主义和扩散风险，执行定向金融制裁工作成效应考虑这个大背景。"对外经济贸易大学时任副校长丁志杰表示，中国已经在金融和特定非金融领域及时冻结制裁名单中实体和个人的资产，实践中在其他领域存在受制裁资产的可能性较小，不影响实际执行效果。但作为联合国安理会常任理事国，评估报告指出的法律制度缺陷还应当引起重视。

互评估为中国反洗钱未来发展提供契机

受访专家均认为，总的来看，评估报告代表了国际组织对中国反洗钱和反恐怖融资工作的整体评价，对中国国家风险评估和政策协调、特定非金融行业监管和预防措施、反洗钱和反恐怖融资执法以及国际合作等工作的评价是中肯的，所提建议对中国提升反洗钱和反恐怖融资工作合规性和有效性水平具有重要借鉴意义。

同时，专家指出，由于中外法律制度、文化等方面的差异以及评估程序、时间的限制，报告某些内容难免存在偏颇之处：一是适用评估标准和评估方法不一定准确。例如，报告对洗钱犯罪概念理解可能过于狭隘，因而不符合《巴勒莫公约》规定；对金融情报使用的评估也过分关注金融情报中心结构形式和工作流程，这并不符合 FATF 评估方法要求。二是与其他国家评估尺度有不一致之嫌。例如，中国法人基本信息实现了网络公开，透明度实际上超过很多国家和地区；通过"组合机制"获取法人受益所有权信息已经取得一定成效，与多数国家的做法也基本一致，但报告给予中国的评级明显低于类似情况的国家。三是对中国实际情况的了解可能存在偏差。例如，中国反洗钱监管部门对洗钱风险的认识是充分的，但报告并没有完全理解并反映中国对洗钱风险认识及风险监管体系的整体图景，从而低估了洗钱风险监管和预防措施的有效性。另外，中国在执行联合国安理会涉恐和防扩散定向金融制裁决议、严厉打击恐怖主义和积极推动通过对话解决朝核问题上取得的效果有目共睹，但很遗憾这些积极因素未在评估报告中予以反映。

"FATF 的互评估为中国反洗钱和反恐怖融资的未来发展提供了契机。"专家强调，接下来，中国政府应当结合国情，吸纳报告中的合理建议，继续推动中国反洗钱和反恐怖融资工作向纵深发展。具体来说，可以考虑重点做好以下几方面工作：一是修订《中华人民共和国反洗钱法》，进一步健全中国反洗钱和反恐怖融资制度体系；二是完善反洗钱工作部际联席会议制度，做实中国"风险为本"的战略政策形成机制和部门协调机制；三是全面加强监管力度，提升金融机构和特定非金融机构合规和风险管理水平；四是强化中国金融情报体系，重点打击洗钱和恐怖融资等犯罪活动；五是深化国际合作，有效提升跨境监管、情报交流和刑事司法协助成效。

洗钱的危害与反洗钱的意义

1. 洗钱的危害与反洗钱的意义

洗钱，即通过各种方式掩饰、隐瞒犯罪所得及其收益的来源和性质的犯罪行为。洗钱犯罪与腐败、贩毒、黑社会、诈骗、逃税等上游犯罪相伴相生，加速了上游犯罪蔓延，也威胁金融体系稳定和安全。同时，犯罪分子通过洗钱得以享受非法所得，严重损害了社会公平和正义。

为了遏制和打击洗钱活动，反洗钱应运而生，其意义重大：第一，反洗钱可以切断犯罪资金渠道，是打击遏制各类上游犯罪的重要手段；第二，反洗钱可以预警非法集资等金融乱象与非法金融活动，有利于防控重大金融风险、维护国家金融体系安全；第三，反洗钱可以帮助追踪腐败、电信诈骗等犯罪资金，挽回国家和公众的经济损失，最大限度地维护人民群众利益；第四，反洗钱有助于夯实社会治理基础，提升金融体系和社会整体透明度，在提高国家治理能力、维护社会公平和正义方面发挥越来越重要的作用。

2. FATF 互评估背景

FATF 成立于 1989 年，是国际上最具影响力的政府间反洗钱和反恐怖融资组织，是全球反洗钱和反恐怖融资标准的制定机构。自成立以来，FATF 对成员国或地区的反洗钱和反恐怖融资工作已经开展了三轮互评估（Mutual E-valuation），督促成员国有效执行反洗钱和反恐怖融资国际标准。中国在 2006 年接受 FATF 第三轮互评估，并于 2007 年成为 FATF 正式成员国。2012 年 2 月，FATF 修订发布新的国际标准——《打击洗钱、恐怖融资和扩散融资的国际标准：FATF 建议》，并以此为依据，从 2014 年至 2022 年对所有成员国开展第四轮互评估，旨在综合考察成员国反洗钱和反恐怖融资工作的合规性（制度机制是否符合国际标准）和有效性（实际成效）。

2018 年，FATF 委托国际货币基金组织（IMF）牵头组成国际评估组，对中国开展为期 1 年的互评估。评估组现场访问了中国北京、上海和深圳三地，与 100 多家单位 900 多名代表进行了面谈。人民银行会同反洗钱工作部际联席会议各相关成员单位为此精心准备，提交了 4000 多页的评估材料、200 多份法律规范、500 多个典型案例，并与评估组举行 90 多场磋商会议，配合评估组顺利完成了互评估工作。2019 年 2 月，FATF 第三十届第二次全会审议通过《中国反洗钱和反恐怖融资互评估报告》。